汉字之解 1

Deciphering Chinese Characters 1

汉字之解 1

Deciphering
Chinese Characters
1

罗德丢
Lot Tertius

神道出版社

TheoLogos Publications

汉字之解 1 *Deciphering Chinese Characters 1*

出版 Publisher: 神道出版社 TheoLogos Publications
作者 Author: 罗德丢 Lot Tertius
网站 Web: www.HanZiMiMa.com
电邮 Email: contact@hanzimima.com
地址 Address: 2199-3151 Lakeshore Road
Kelowna, BC, Canada
V1W 3S9

ISBN: 978-1-927530-34-4

目录

简介

本书选用了 365 个汉字，分为六部分，33 个单元，从价值观、生死观、世界观三个层面，解开了隐藏在汉字中许多人从未听到、想到的奥秘。

此书有助于中国文化和西方文化之间的交流，让愿意掌握汉字的朋友从中找到一条学习的捷径。同时让一些读者借着汉字而知晓圣经中的基本概念，甚至也为基督徒解开不少非常棘手的圣经难题。

当人类进入数字的时代，本书在最后的部分所提到的"视而不见，求同存异"，是值得每一个人思考的话题，也是一条在地球村中可行的路。

第一部分：头头是道

1、前言

前些年，曾经有一本在市场上走红而轰动一时的书，叫《圣经密码》，后来因为大受读者的青睐，作者又接二连三地出版了续集，结合古今中外的历史事件和人物，使读者在津津有味地回顾过去时，对难以捉摸的未来似乎也看到丝丝等待验证的"亮光"。

人们之所以对其感兴趣，是因为它迎合了人类喜欢"未卜先知"的心理，都巴不得能从各式各样的"预言"中寻找到灵感，更不用说那是直接从天书——《圣经》里面发现的，对人们的吸引自然不在话下。

说了这么多，无非拿它作个引子，告诉你实际上大可不必迷信什么所谓"特殊"密码的事情。天地万物之中，只要你认真和细心地观察，到处都隐藏着造物者创造的"密码"。今天，我们要跟你讲的是，如何去破解隐藏在中国汉字中无穷的奥秘。而且，一旦你知道如何解密，它们是不会改变或过期的，任何时候都可以派上用场。

在过去没有电脑的年代，你想了解这些"密码"的真相，那还真的像武侠小说所说的那样，明知有宝却找不到藏宝图，谈何容易？但是自人类进入了数字时代，一切过去的不可能，在今天都成了得以实现的可能。因此，你只要在 iPad 或苹果手机上，下载"汉典大全"这一软体，连寻都不必，就马上可以进入"挖宝"的现场。

唯一遗憾的是，"汉典大全"的应用软体，目前只有苹果 iOS 的版本，而没有其它电脑系统或手机平台的版本。不过即使这样，你也还是可以去"汉典"的网站 m.zdic.net 去查看相类似的资料。

下面，我们就直截了当地告诉你，怎么用"汉典大全"这一个工具，去挖掘中国文化中无穷无尽的宝藏。

如果你已经下载了"汉典大全"，那么一打开的话，就可以一目了然地看到首页上出现"按汉字查找"、"按拼音查找"、"按部首查找"、"按笔画查找"等四个栏目。这四个栏目，就是解开汉字"密码"的钥匙。换句话说，你可以从其中的任何一项，或把它们结合起来，去了解任何一个汉字的内涵。

一般而言，"按汉字查找"是找出某一个字的字义。在"汉典大全"中提供了大量与字义有关的查考资料，但我们主要是以《说文》所提供的解说为准，因为它是一本最有参考价值，解释汉字带有权威性的经典之作。

"按拼音查找"是从某一个字的发音，结合其同音或谐音字，去了解一个字的意思。实际上这个栏目中的资料，为我们开辟了一片广阔的天地，使我们可以举一反三，如虎添翼地把汉字中相关的资料链接在一起，其效果常令人叹为观止。

"按部首查找"是从每个字的部首去探讨某一个字的含义。所谓字的"部首"，带有源头的意思，就好像树的根一样，寻根探底找到它的源头，任何问题都能得到解决。在每一个部首的底下，你可以发现排列数目各不一样的字，这些字我们称之为"字系"。

它就像同一个人，不管生下了多少个孩子，这些孩子都带着其父母的基因，从而可以更好地发现和解决问题。这就是我们运用"字系"这个概念的功用。有时，我们根据部首还无法确定一个字的含义，就可以进一步到字系里面去探索。在所有打开汉字奥秘之门的一连串钥匙中，可以说"按部首查找"这一把是最重要的。

最后，"按笔画查找"是从数字的角度去探讨字的含义。当人类进入了数字的时代，人类的一举一动几乎没有什么能够离开数字，所以按笔画的数字去查考汉字，有时可以得到你从未想到的结果。

值得一提的是，用以写《圣经》的希伯来文字，它的特点也具有字义、字音、字根、数字等四大特点，几乎跟汉字一模一样。从这一点而言，我们甚至于可以这么说，汉字就相当于中国人手中的《圣经》，只要你真正理解每一个字的内涵，无论是从哪一个角度，都可以看到它们彼此之间相同、相似和相通之处。

由此，有时当人碰到无法理解的圣经难题时，可以借着汉字的帮助得到解决；反之，难以明白的汉字也可以借着圣经的启示找到答案。

身为一个中国人，应该认识到汉字是一个多么巨大的宝库。特别是在人类文明正迈向前所未有的转折点时，如果活在数字时代的人看不到这一点的话，无论是对个人还是家庭、国家，都是一种何等的遗憾及损失。

当中国在世界崛起的时候，没有恰当的文化作后盾是难以持久的。相信汉字有根有据的崛起，必将为中华民族的复兴带来不可估量的推动作用。

2、对 22 个汉字的繁简解析

这些年来，围绕着简体字和繁体字的差异问题，网上出现了不少与之有关的评论文章。平心而论，当初参加简化字改革工作的人，大都是饱学有识之士，为着使后人能更简单方便地使用汉字，尽心尽力地查证古今的文史资料，力求凭良心把工作做得尽全尽美，这是很难能可贵的事。我们不能因着社会的变化，就轻率地做出不负责任的评论。

况且，繁体字和简体字的差异和变化，主要来自于它们的部首。字的部首没有好坏之分，只有部首如何在字中扮演不同角色之别。如果人真实地认识到这一点，才可能学会站在"中"的平衡位置来观察和思考问题。

如此一来，根本就不存在简体字和繁体字谁是谁非的问题。唯一的"麻烦"是，你必须同时明白两种字体中部首的互动，但对于任何一个想把事情真正弄明白的人来说，没有什么是不麻烦的。

由于每个人的性格、背景和动机各不一样，所以对汉字简化的看法必不一样，这并不是什么难以理解的事。我们选择了 22 个比较有代表性的汉字，为你具体地作一番现身说法的讲习，使你知道如何使用"汉典大全"，去打开繁、简体汉字的雄伟殿堂之门。

(1) 愛 / 爱

繁体字的"愛"字，其部首从"心"而出，在人体的五脏六腑——肺、心、肝、脾、肾、大肠、小肠、胆、胃、膀胱等等之中，只有"心"不是用"肉（月字旁）"做成的。中医的经典《内经》指出："心藏神"，就是说它与一个人的精神状况息息相关。所以"愛"之所以出自"心"的部首，乃是在明明白白地告诉我们，人若不是出自里面真心之爱，就像无私的父母对儿女所付出的无条件的爱，都是动得了一阵而行不了一世的。

简体字的"爱"，它的部首是"爫"，这是从"爪"字而来的偏旁，而"爪"是指鸟兽的脚趾，一看就马上让人联想到老鹰抓小鸡的镜头。而且在"爫"所属的字系中，第一个成员是"爭"字。

由此而来我们就看到，简体字用"爪"表达的爱，与繁体字有心展示的"愛"，从人是万物之灵的角度来看，两者的灵性是有所差别的。人不应该下降到像禽兽一样，没有"心"地只知道"抓"。

但话又说回来，倘若人在用"爪"抓的"爱"中，最后能够看到你争我斗，巴不得自己占有的真相及其所产生的恶果，从而愿意修心换性改变自己的性格和行为，何尝不是把负能量转化成为正能量之好的开始？

(2) 應 / 应

繁体字的"應"的部首是从"心"而出，暗示我们在解读这个字时，必须把注意力集中在精神的层面。照《说文》所示："應，當也"，所以我们常把"應當"两个字合在一起用。而且，《说文》又进一步为我们解释："當，田相值也"。也就是说，这就像两块田有着相等、同样的价值。

而"應"中其它的部分，实际上包含了三个不同的部首：有代表宽广住屋的"广"，有"人"，还有代表短尾鸟的"隹"。如果你把这些不同的部首合在一起去思考的话，不难看到它所要表达的意思是，我们应当彼此尊重，并维护人类中各种不同生命的平等权益。

想一想，被养在有钱人家大房子里的小鸟，其主人尚且养尊处优"平等"地惯着、宠着它。身为万物之灵的人类，难道就眼睁睁地看着不等值的两块"田"摆在那里——让贫富差别越来越厉害地一直拖下去，而不寻求解决之道？

再看看简体字的"应"，它的部首是"广"，照《说文》的解释，是"殿之大屋也"，可见它是从物质的层面让人大开眼界。

由此我们就可以看到，在繁体字与简体字之间，并不存在是非好坏的问题。一般而言，繁体字侧重于从心灵道德的层面讲道理，而简体字偏向于从物质实用的层面看问题。掌握了这一个要旨，所有的争论和问题都必将迎刃而解。

(3) 筆 / 笔

繁体字的"筆"字，它的部首从"竹"字而来，竹子本来就是可直可弯的植物，用它来形容不管是直直的"筆"，还是弯弯的"笔"，都是两边通吃，再恰当不过。

可是，偏偏简体字的"笔"，它的部首不是"竹"，而是"毛"，这该怎么看呢？

在繁体字的"筆"中，"竹"下面的部首叫"聿"（yù），在它的中间有从头透到底的一道"直木"。它是汉字中的第二个部首，通常我们把之称为"竖"（丨），照《说文》的解释是"上下贯通"的意思。位于"聿"字中间的，正是名符其实上下贯通的"丨"。

在简体字的"笔"之中，"竹"下面的"毛"是它的部首，而在"毛"的中间，是一道弯形的"乚"，在古时它与"乙"同字。"乙"在中国的十天干中排第二，数字2是一个偶数，属阴；而在十天干中排第一的是"甲"。在"甲"的中间正好是那根上下贯通的"丨"，它横着放是汉字的"一"；直着立是阿拉伯数字的"1"，无论怎么看，它的属性都是与奇数的阳性连在一起的。所以，"乙"和"丨"的结合乃是阴阳之间的结合，缺一不可。

在古文中，"乙"和"毫"同字，而"毫"的部首出自"毛"。如此一来，就顺理成章地解释了直直的"筆"及弯弯的"笔"，必须阴阳相配，走在一起而无法分开的原因。

人用笔所写的字，乃是人灵魂意识的表达。简而言之，它离不开人该守住自己应有的正直和理性，及适时"弯"下来怜悯和体谅他人的感情和心肠。倘若你握在手中的笔，可直可弯，该直的时候就成"钢笔"，该弯的时候就成"毛笔"，那才是一支多少人都盼望能够得到的好笔。

(4) 邊／边

繁体字的"邊"和简体字的"边"，它们的部首相同，都是"走之旁"，意味着与走路有关。但是，两个"走之旁"里面的字却不一样。

"邊"里面的字是"臱"，乃是"山崖边缘"的意思。一个人自己走到山崖的边缘自然是危险的，所以这个"臱"字的部首是个"自"字，警告你记得好自为之。

而"边"呢，它里面的字是"力"，这就叫人有点犯糊涂了：已经走到山崖的边缘了，再加把劲用"力"，岂不是更快掉下去？

这时候，你就要明白原来这个"臱"字是"勉"的同音字。你可以一目了然地看到，"力"的旁边是个"免"字。也就是说，它是在提醒你千万要小心，谨慎行走才能免除掉下去的危险。

为着怕你不以为然地不听话，另一个"力"的同音字又出现了："勵"，它毫不客气厉害地警告你，千万不要乱来啊，我能勉强尽力而为的，也就到此为止——到"边"了！

对于喜欢在法律边缘钻空子或打擦边球的人来说，明白走山崖迟早会碰到"边"的道理是有益的。

我们不能不惊叹，恐怕世界上还没有哪一种文字，能像汉字如此生动活泼，几乎随口而出，就能借着同音或谐音字，贴切地围绕着一个主题，把人毫不费力地带到目的地。

(5) 難 / 难

在进入主题之前，先让我们看一看以下几组汉字：嘆／叹、癱／瘫、攤／摊、灘／滩、漢／汉、難／难，等等。你可以轻易地发现：在这些字的简体字型中，其中的"又"字都是由繁体字 堇（发音为 tan）这部分简化而成的。

为什么会有如此的变化呢？大概是因为 堇 这个部分带有"嘆"或"癱"的贬义；而"又"带有"再一次"的含义，使人能够把消极因素转化为正能量，重新站立起来。

我们可以回顾一下汉朝的历史，那是汉人第一次征服了西域的游牧民族，把疆土向外大大扩展的年代。整一个崛起的过程所经历的辛苦、艰难和风险都是不可思议的，然而最后却打出了大汉的形象，并使汉字至今成了全球皆知的中国符号。

明白了这一点之后，我们再来看"難"和"难"之间的互动，发现它们的部首都是来自"隹"，指短尾的鸟。而"隹"字左边的 堇，在简化的过程被"又"字代替了。这岂不是"汉"之精神发扬光大的结果吗？

(6) 歡 / 欢

这两个字的部首都来自"欠"，在它所属的字系中，有一个叫"歎"的字，它的意思是"叹气"，其中的 堇与上一节所讲到的情形一模一样。所以，我们只要把 堇换成"又"字，与"欠"字合起来，就是如假包换的"欢"字。

换句话说，"歡"简化成为"欢"，就像癱／瘫、難／难、漢／汉等字一样，都隐藏着把消极因素转化成正能量的内涵。因为"又"在其里面扮演了浴火重生的角色。

照《说文》所言，"欠"是"张口气悟"的意思，相当于俗语所说的"打哈欠"。也就是说，通常一个爱打哈欠的人，其精神状况一定是欠佳的，你叫这样的人怎么能"欢"得起来？

现在"又"字出来了，使原来频频打哈欠——"欠"欢的人，再一次生龙活虎地活起来，这不就是"歡欢"的最佳写照吗？

(7) 產 / 产

繁体字的"產"字，它的字首是从"生"而来。照《说文》所言，"生，进也，像草木生出土上"。因此，不管是人的生产，还是东西的生产，都牵连到一个生命成长的过程。当一根不起眼的小草破土而出的时候，它所要越过的障碍并不容易，所要经历的过程充满着辛酸和苦涩。

所以，"產"要带给人的启示，是一旦你要进入"產"的位置，扮演"產"的角色，就要预备去迎接前面的考验和挑战。不管"產"的是人还是物，都是让人的生命在破土而出之后，借着学习和磨练的机会不断成长直至成熟。虽然整个过程很辛苦，但值得人付代价去换取生命品质的"升级"。

当一个人撇开"生"的主题不闻不问，哪怕头脑里装满了一大堆与"产"有关的知识是不顶用的。你可以看到，在当前的信息时代，任何一个人随时随地都可以从网上获取大量有关"产"的知识，但现在愿意"生"的人，特别是年轻的一代却越来越少。

因为，不少人都不愿意去承担"生"的责任和代价。就算不管是什么原因，人最后还是勉为其难地把"产品"生下来，"生"下来后的结果也不会好到哪里去。因为"生"是和无条件的"爱"连在一起的。缺少了"爱"里面的那颗"心"，什么问题都不好办。

当然，我们并没有把不"生"的"产"看死。相信人类在经过反思熟虑之后，未来必将生出越来越多脱离利己主义，优秀高生命品质的新生代。

(8) 嚐／尝

繁体字的"嚐"的部首出自"口"，嚐东西自然要用口尝，才能知道它的质量好不好。

简体字的"尝"的部首出自"小"，尝东西自然是从少量的"小"开始，这是指着它的数量而言。不要以为大或多就是好，不分青红皂白，就大把地把东西塞进嘴里的"尝"，要想吐都来不及呢。

(9) 廠／厂

繁体字的"廠"的部首是"广"，比简体的"厂"字头上多了一"点"（丶）。你可不要小看这一"点"（丶）啊，《说文》指出，这一"点"（丶）的意思就是"主"，"主宰"、"主人"、"自主"等等中的"主"，够大吧？

而这个"厂"字的意思是指"山边岩石突出覆盖处，人可居住的地方"；那么，这空空荡荡的"厂"到底有什么"魔力"，居然能够把"廠"中高高在上的"主"给踢下来呢？

也许，当初改字的人从来没有想到一"惨"（"厂"的谐音）成签，竟然变成今天摆在我们面前的现实。不必多说你也心知肚明，现在由智能机器人开始接管的各式各样的"厂"，已经空无一人地纷纷亮相。这到底是好事还是坏事，是喜还是忧？接下来的日子会怎么样？许多人都落在观望、彷徨、恐慌的心态之中。

俗话说，"解铃还得系铃人"，要想找到未来出路的答案，我们还得回到原来的部首去探讨。上面提过，"厂"是"山边岩石突出覆盖处，人可居住的地方"。也就是说，随着人工智能技术的崛起，人被迫让位下岗从"厂"里退下来，可能是随大局免不了的事。但是，你也大可不必过于消极和悲观，哪怕在"山边岩石突出覆盖处"，不是仍然有"人可居住的地方"吗？

况且，最重要的是，我们还可以把被"厂"踢下去的那一"点"（、）——"主"重新接回来呀。一旦"主"归原位，"厂"变成了"广"，人类名副其实地成了机器人的主宰，那么，展现在人类面前的，不就是一片宽广辉煌的景象吗？

(10) 敵 / 敌

繁体字的"敵"和简体字的"敌"，它们的部首同样都是"攵"——意思是"击打"，这是通常对付敌人的方式，并不难理解。

"敵"和"敌"的主要差别是在它们里面的字：一个是"商"；一个是"舌"。"商"的意思是"树根"，它的部首出自"口"，发音跟"舌"相似，所以实际上不管是繁体字还是简体字，都把敌人的对象锁定在"口舌"的范围里。

《说文》还指出，"敌，仇也"；而"仇"字又与同音字"讎"连在一起。从字形上来看，"讎"的部首是中间的"言"字，两边夹着代表禽鸟的"隹"，显然就像一个群鸟吱吱喳喳叫个不停的场面，形象地表明人最大的仇敌乃是出自人的口舌。

难怪"商"字会和"树根"连在一起，就是暗示我们，消灭一切仇敌的根源，在于除去口舌的是非。没有什么比管住人的口舌来得更重要了，或生或死都压在此一关键的环节上。

(11) 舘 / 馆

繁体字"舘"的部首是"舌"；简体字的"馆"的部首是"食"。人要吃东西必须从口而入；要讲话也离不开口中的舌头，可见这两个字把"口"的两大功能都包进去了，实在妙不可言。

颇有意思且令人深思的是，这两个字又同时跟"官"字连在一起。这似乎在提醒人们，正在做官的人，或正想做官的人，甚至于与"官"或多或少有些关系的人，都必须在"食"上加以注意，才能食得安心，吃出健康。

而管住自己的口舌，是比对付嘴巴来得更重要的事。"病从口来，祸从舌出"，怎么样智慧地去理解和运用这两句话，就成了现代人必须面对的功课。

中医有"心开窍于舌"的说法，提示我们，并不是去学习或操练某一种说话的方法或技巧，而是让舌头的"主管"——"心"能真正掌权，进入思想意识和外在环境的合一，才能达到心想事成的境界。

(12) 窮 / 穷

这两个字的部首一样，都是来自"穴"，一个看起来似乎简单，其实却可能隐藏了深刻奥秘的字眼。

《说文》指出，穷的意思是"极也"，也就是带有终极的味道在其中。

《说文》又指出"究，穷也"，"究"的意思是推求、深究、终究，一点都没有马马虎虎的味道。

《说文》更进一步指出，"穹，穷也"，"穹"是与穹苍连在一起的，它的浩然大气不是用人的语言能够表达的。

《说文》是很少一而再，再而三地为一个字作解释的。光凭这一点，你就该明白这里所出现的"穷"，绝不是指一个藏身于山洞里的穷光蛋，等着别人来救济；或一个所谓心有余力不足的人，无可奈何地等待着宿命论的安排。

此外，当提到"窮"之中的"躬"字时，《说文》来回地踢皮球："躬，身也"；"身，躬也"。

这是在暗示我们，人终极的身体会怎么样收场，那才是人类在洞"穴"里必须探究到底的答案。若把"穷"的标签贴在人的眼睛看得见的"东西"上，难怪会看走眼。

(13) 矇 / 蒙

简体字的"蒙"字，它的部首从"艹"（草）而来，它的下面是个"冢"字，意思是"高坟"，也就是与死人的坟墓连在一起。想一想，在一个"高坟"的上面，长满了乱七八糟的野草，那是一幅什么样的凄凉图画？这就是"蒙"字要传递给人们的信息。

在《易经》里面有一个卦叫"蒙卦"，就是特别针对着"蒙"的种种情形说的。它指出人们受蒙骗不是什么难以理解的事。然而，落在"蒙"中的人必须虚心的接受启蒙，才能走出杂草丛生的"墓地"。

蒙卦的卦辞是这样说的："亨。匪我求童蒙，童蒙求我。"它的意思就是说，在接受启蒙这件事上，被蒙蔽者首先必须有一种接受教育和改变的愿望，这样接下去才有路可走。

接着，卦辞又说，"初筮告，再三渎，渎则不告。"它的意思是说，若已经把道理跟你讲清楚了，但如果人还是一直不信，告诉你再多也没用。这正是今天许多的人，在接受启蒙时的生动写照。

明白了"蒙"的含义，再看繁体字的"矇"很快就会懂：它的部首来自"目"，不要以为有了"目"就不会"蒙"了。它是告诉人如果你的心被蒙住、蒙死了，哪怕是眼睛睁得大大的，也只不过是个瞎子。

所以，把"蒙"卦多看几次，把"矇"在眼睛上的灰尘多吹几下，人就会从"梦"中"猛"醒过来了。

(14) 網 / 网

繁体字的"網"的部首出自"丝"，指捕鱼捉鸟用的工具；而"網"的右半边是个"罔"字，它带有"蒙蔽、迷惑、失意"等等的含义。它的发音与"亡"相同，所以一听就知道不是什么好事。

简体字的"网"的部首是"冂"，它的意思指"城外、郊外、野外"，"冂"里面有两个"乂"。这一个"乂"是"收割"的意思，简体字的"纲"里的"冈"只有一个"乂"；而"网"字却用了两个"乂"。我们今天是活在互联"网"的"收割"时代，所以这一个带有两个"乂"的"网"字，和人类的关系特别密切，不由得我们不多思、多想、多加留意。

值得一提的是，古人特别为"鱼網"单独造了一个字——"罟"，它的发音与"故、顾"一样，而"顾"带有"回头看"的意思。基督徒常常以"鱼"作为信耶稣的一个标记，所以，借着这样一个古怪的"回头"字，它是否在提醒所有的"鱼"们，不要走回头路，又落到原来的旧生命之中，值得令人深思。

(15) 豐 / 丰

繁体字的"豐"的部首出自"豆"，它是古代用来装盛食物的器皿，特别是涉及到与祭拜神明有关的事务。"豐"是指豆子饱满，可以引伸到万物的丰盛，当它和神明连在一起的时候，无形之中自然就与老天爷的祝福也连在一起了。

简体字的"丰"字的部首出自"上下贯通"的"竖"（｜）。一般来说，凡出现在这个部首的字系中的字，都带有其特别的含义。这个"丰"字也不例外。

值得一提的是，在"｜"所属的字系中，有一个和"丰"十分相似的字叫"丰"，它是指野草，其发音与"绝"字同音。你可以看到，它与"丰"的差别，在于"丰"里面的三个"一"

是直的；而"丰"的三个"一"却是斜的，从而就引出了饱满的豆子必"丰"，歪斜的野草必"绝"的不同结局。

(16) 進／进

繁体字的"進"和简体字的"进"，它们的部首一样都是"走之旁"，跟走路有关，两者在这一点上没有什么分歧之处。

它们的差别在于，"進"的里面是个"隹"字，它是短尾鸟的总称；而"进"的里面是个"井"字，那么，该怎样解读这两个字的差别呢？

原来，古时"隹"与"惟"同字，而从部首"心"而出的"惟"字，是个助词，用于句首，表示开始。如此一来，我们就可以悟解到，"進"要告诉我们的是，就像走路一样，凡事都有个起头，而一开始的时候就必须用心，否则事情办不好，路也很难走到底。

而"进"里面的"井"，在古文里其外形是井口，中间有一点，表示井中有水。在《易经》中有一个卦叫"井"卦，就是描述"井"如何以无私的心态去帮助和满足人的需要。

不难想到，长途跋涉走路的人最需要的就是水，一个口干舌燥的人若能喝上一口甘甜的井水，那是什么滋味？

所以，"进"就是要告诉你，走在人生这条漫长的道路上，时刻不要忘记路上有口"井"。当你干渴得到一口水时，要心怀感恩之心；当别人需要一口水时，你要慷慨地把之给出去。那么，不管这路有多长、多难，都可以走得下去。

(17) 选／選

两个字的部首都是"走之旁"，它跟走路有关。它们的差别在于"选"中的"先"字，与"選"中的"巽"字不一样。

"先"的部首来自"儿"，它的意思是"走在前面"；"巽"的部首来自"巳"，它的意思是指还在母亲肚子里的"胎儿"。已经出生的"儿"走在胎儿的前面，这是再明白不过的事了。

在《易经》中有一个"巽"卦，它的意思是"入"，就像胎儿"入"在母亲肚子里一样，等着呱呱坠地。《说文》又指出，"巽，具也"，也就是盛装食物的器皿。换句话说，胎儿生出来后是要当器皿用的，已经走在前面的"儿"，就是其未来的榜样。

由此而来，你就可以明白，不管你从事什么行业，有着什么样的政治或宗教背景，圣经上所提到的"被选"的人，要走的路都是一样的：先在母亲的肚子里当"巳"儿，当器皿"已"经预备好而生出来的时候，就可以逐渐上路，走上作儿子的道路，直到最后自"己"真的长大成人，变成一个可以承担重任的男子汉，才算进入了被选的队伍。

三个简单相似的汉字：巳——已——己，为人指明了一条正确的人生道路。这就是老天爷"选"汉字，作为传达天地万物信息的器皿，由汉字所带出来的神奇魅力。

(18) 義 / 义

繁体字的"義"的部首来自"八"，意思是"分别"，用来形容一个正直的义人的威严仪容。它之所以用"八"作部首，是为了强调如此的义人是与世人有别的。

值得注意的是，这一个"義"字，实际上它的部首也可以来自"羊"。通常在一般的字、词典之中，你要从"羊"的部首进去才能查到"義"字。"汉典大全"所提供的部首"八"，可以让我们进一步深刻地认识，"八"和"羊"之间不可分割的密切联系。

还有简体字的"义"字，它的部首是来自"点"（丶），代表"主人"的"主"。由此我们才明白，原来"义"人之所以能成为义人，是因为有一位"主"住在其中。任何一位想和正义、公义、公平挂钩的人，都可以并应该从这一个"义"字得到启示。

(19) 慄 / 栗

简体字的的"栗"字，它的部首是"木"，《说文》指出，"栗木也"。这不能不引起了人的好奇心。凡树都是"木"，为什么《说文》要特别强调栗乃是"木"？因为"栗"可以成为木的代表；而木又可以代表人。

如果我们观察一下栗子的内外，不难发现它有外表坚韧，果肉甘甜、颜色健美的特点。这大概把一个人应该具备的标准都集于一身了，难怪它可以成为见"木"如见人的象征。

再进一步看，"木"的上部是个"西"字，而"西"原来与"栖"同字，带有"鸟入巢息止"的含义。由此我们就看到，栗树成为鸟儿愿意栖息之住处，不是没有道理的。因为它可以把安全感，带给住在其中的栖息者。

明白了"栗"的内涵，再来看看繁体字的"慄"，就很容易理解它的意思了。因为"慄"的部首来自"心"，所以人能否在"栗"里面得到安息，全看你的"心"的状况如何：如果你的心是惧怕恐慌的，去哪里都会动荡不安；如果你的心是稳定平静的，去哪里都可以睡个好觉。

(20) 親 / 亲

繁体字的"親"是从"见"的部首而来，带有"至"的含义。一个人只有"至"——来到你的眼前才能见，这是谁都明白的事。

简体字"亲"的部首是出自"亠"（头），虽然眼睛看不见你想见、要见的人，但只要在你的头脑里还存在着这个人的身影，"亲"就一直存在。在过去的年代，不管是动荡的战乱时期，还是和平的阶段，越是见不到人的日子，彼此之间的亲情就越近。

这说明一件事，人都喜欢凭眼见去论断是非黑白，但眼睛并不可靠。人实际上都是靠"头"在看东西的，在人的头脑里形成不了的概念，就不可能在现实的世界里，成为眼睛看得到的实体或经历。

人不必整天等着看见所谓世界末日的到来。如果你心里对它害怕恐惧，就是夜里睡着时，"末日"也会在连连的恶梦中来见你；如果你把之当成是一件好事，"末日"美好的阳光雨露，会让你在甜蜜的梦乡里发出笑容。

眼睛的见或不见并不重要；重要的是你的心要清，头要明。

(21) 恥／耻

繁体字的"恥"的部首是来自"心"，它的意思是"辱"。一个失去良心功能的人，哪怕做了什么伤天害理的事，还是丝毫不会感到羞辱的。这是繁体字的特点，凡事都注重从精神道德的角度去找答案。

简体字的"耻"，它的部首来自"耳"，它的另外一边是个"止"字。顾名思义就可以明白，如果一个人的耳决定"止"住，不听、不管、不问是来自何方的话，就是再羞耻的事他也接着干。

在希伯来文的字母中，第21个字母的意思是"齿"，刚好与"耻"字同音。它对应于落在黑暗中的恶人，最后要在咬牙切齿的悔恨光景中受折磨。可见不同文化之间，冥冥之中都有着上天的启示在作主导。

(22) 勝／胜

两个字的部首都来自"月"，也就是"肉"，意味着所谓的"胜"与否，实际上都与人的肉体，及人的自由意志有关。

《说文》对"勝"所下的定义是"勝，任也"。所谓的"任"，是说你要担负得起心身所必须承受的压力。

"勝"中有个"卷"字，它的部首来自"厄"，指一个人在山边的崖洞里弯腰曲膝。这自然会十分辛苦。所以有一个"卷"的同音字叫"倦"，它一目了然地告诉你，无论把谁放在这种煎熬难忍的环境之中，没有一个不觉得疲倦难耐。

然而，这就是老天爷安排给胜者的环境，所谓"苦其心志、劳其筋骨、饿其体肤"，无非就是指着这样的经历罢了。

而简体字"胜"的部首是"生"，这时就出来为人打气了。因为《说文》指出，"生，进也，像草木生出土上"。如此一来，前面看到了盼望，也知道这是一个人生了以后，要成长、成熟、成胜的必经之路，那还有什么可叹、可说的呢？

每一个人一生的经历，无非就像一场跟自己打的仗，敌人就是自己的肉体情欲。你不必整天想到要如何把别人给克掉，只管不断提升自己的生命之气，一生的任务就算负责任地完成了。

3、几个开头的汉字

(23) 序

"序"这一个字的部首来自"广"，与"宽广的房屋"有关；而在"广"的里面是个"予"字，就是"给予"的意思。

《说文》指出，"序"的本义是"东西墙"。一间"宽广的房屋"，相当于是整个地球的缩影；而它的"东西墙"，象征着东西文化之间的连接。虽然，这其中有"墙"的遮蔽，但拦不住从窗口进入的亮光。

汉字和西方文化的接轨，也可以算是"东西墙"的一部分，有的人可能看到它是一道有形的"墙"，还在二元对立的里面苦苦挣扎着；有的人可能已经超越看得见的物质界限，看到"墙"之外的另一片世外桃源。

尽管老天爷给予每一个人的生命礼物并不一样，但爱在宇宙间回荡的频率却一直不变。

无论如何，盼望本书的信息，不管是从身体的层面，还是精神的层面，都能为你带来健康、平安的喜乐。

当人类进入了一个崭新的时代，人们越来越意识到精神和物质之间的密切关系，完全超于原来我们的所知、所想。这时人就会更加珍惜自己眼前所解开的汉字。愿中国人的先祖，从上天那里所得到的宝贵启示，能打开你的"天眼"，把更大的祝福赐予你，并把之带给周围更多蒙福的人。

(24) 漢／汉

繁体字的"漢"字，它的部首是由"水"而出，但由于这是

"水"字的偏旁部首，我们把之俗称为"三点水"。顾名思义，所谓的"偏"是与"正"有别的，所以虽然在一个字中，它可以站在部首的位置，但却不见得是这个字的主角。它在很大的成分上所扮演的角色，是补充、强调其它部首或字的作用。"漢"字正好是这方面一个很好的例子。

"漢"字的右半边，既不是一个部首，也不是一个在《汉典》上可以查到的字——莫，它的读音是 tan。为什么在汉字中会出现这样一个含义既不寻常、又与其它汉字有很多关联的偏旁，其用意令人深思，恐怕我们只能意会。

人偶尔叹叹气释放一下心中的压力，并不是什么难以理解的事。但如果一直唉声叹气地活着，那就不是什么正常的事了。所以，这个莫字乃是在提醒我们，即使环境十分恶劣，我们也应该坚强地重新站立起来，不要让消极的意识在人的头脑里固化，影响人一生的生活和工作。

简体的"汉"字，用"又"代替了莫，就因为"又"字带有"又一次"的含义，所以十分贴切地表达了大丈夫、男子汉不畏艰难，奋发图强的气质。

值得一提的是，西汉王朝的汉武帝时期，坚韧不屈的汉将兵马西征北战，千辛万苦地降服了匈奴，打开了大汉崛起的局面，这正是"汉"字精神的体现，也是汉字灵魂之所在。以致直到今天，我们仍然得以从汉字的宝库中，挖掘出无穷无尽的文化宝藏。

(25) 字

《说文》指出，"字"的意思是"乳"，就是母亲喂孩子的"奶"。有意思的是，"字"的部首来自"子"；而"子"的本义是指还在喂奶的"婴儿"，从而两者就天衣无缝地结合在一起。

我们在俗语中，常用"没有墨水"来比喻不识得几个字、没有文化的人。看来，从"字"是"乳"的角度来看，应该把"墨水"改用为"奶水"才更恰当。而且，我们又进一步可以想到，那些生下孩子缺"奶水"的母亲，实际上并不缺"水"，而是奶水之中"奶"的成分太低，满足不了婴儿的实际需要。

这也就提醒人们，不管你现在的文化程度如何，提高"乳"的数量和质量是必要的。否则，就算你也认识了不少的"字"，但因为其中的含"水"量太高，不但要喂的"婴儿"吃不饱，自己也会辛苦得很。所以，提高"奶"汁的浓度不但是必须的，而且一定会有实际的益处。

(26) 谈

"谈"字的意思是"谈论"，它的部首出自"言"，这一点并不难明白，"谈论"自然离不开发"言"。

"谈"恰好是"叹"的谐音字。人们在谈论之时，常常自觉或不自觉地唉声"叹"气，就把消极的情绪给带出来，或埋进心里面去了。

而"谈"中的另一半是个"炎"字，这个双"火"重叠的"炎"，就像"汉"字中的"又"，鼓励人重新站立。其目的在于让谈的人，能够把心中、口中所有消极的东西，除个一干二净，并让充满正能量的"火"雄雄燃烧。

因此而来，你也就明白了，人不能一直活在"叹"的光景之中，你必须时刻留意出自口中的"言"，是否会熄灭了心中的希望之"火"，挡住了阳光正气带给人的生命能量。

另一方面，"炎"字也在提醒你，人在谈话时是很容易上火的。谈话时火气十足，动不动就发怒或冷嘲热讽的人，何尝不是在消耗自己的正能量。但人容易发现火冒三丈的"明火"的弊病，却难以觉察到压抑在心里的"阴火"带来的危害。

无论谈什么，你都要先认识到这一点。要不然，口里消极的话谈得越多，心里越堵得慌，结果陷在病坑里出不来的危险就越大。

(27) 天

中国人的口语常说，"抬头三尺有神明"。当人抬头一望的时候，看见的是什么？——"天"呀！难怪人每当碰到紧急的关头，都会不由自主地脱口而出："天呀！救救我吧！"

《说文》指出，"天"的意思是"至高无上"，它的部首是出自"大"。正因为"天"既高又大，所以相对来说，地上又低又小的受造物，每当到了危及生命的关头，或碰到无法解决的难题，才会向天发出求救、求助的呼喊。

中国人的口语很有意思，常常把老天爷称之为"上天"；而反过来就成了"天上"。当高高在上的"天"单独呆在天上的时候，哪怕人明明知道"天"之伟大，也对之存敬畏之心，却免不了带给人敬而远之的感觉，以致对衪不理不睬的人也不在少数。

然而，当上"天"屈身下凡的时候，就成了天天和小人打成一片的"大"人了。所谓的人生信仰，若不能真实地让人在天天的实际生活中，感受到"天"之大爱及大能，那只能说"上天"还是距离我们太远了。

真正的信仰，不应该停留在偶尔抬抬头望"天"，而应该去体会和经历天天和老天爷在一起，在地如在天，有血有肉的感受才对。

(28) 一

在"汉典大全"中，无论是按部首，还是照笔画，"一"都是排在老大——"第一"的位置。照《说文》所言，"一，惟初太始，道立于一，造分天地，化成万物"。也就是说，"一"是一切所有的源头，离开了"一"，整个宇宙根本就没有其存在的身影，由此你就可以明白"一"是何等重要了。

在汉字中，与"一"平起平坐的是繁体字的"壹"，还有它的另外一个异体字是"弌"。这两个十分重要的字的部首各不相同，当然所包含的内涵也各不一样，但因为所涉及的来龙去脉太长了，我们今天就不多谈，留到本书最后的部分再说。

由于"一"同时也是一个数字，所以我们看到它在世界上所有的数字系统中，都是扮演"老大"的角色。在汉字中它是"一"；在阿拉伯数字中它是 1；在罗马数字系统中它是 I；在用以写《圣经》，可以把字母和数字连在一起用的"两希"——希伯来文和希腊文中，它是排在所有字母最前面的字母。由此看见，它在宇宙间所扮演的独一无二的角色，是任何人事物都无法代替的。

(29) 贯

"贯"的本义是指用来穿钱的绳子，古时与"惯"相通，即带有"习惯"的含义。

"贯"字的部首是来自"贝"，也就是与钱财物有关；它的上面是个"毋"字，在古时，"母"和"毋"字本来是同一个字，后来才分开的，意思也完全不一样。"毋"带有"无、不"的含义，《说文》指出它意思是"止之也"。

因此而来，我们就看到"贯"是一个必须从双向来看的字：一方面它是与看得见的钱财连在一起的，就像一个母亲要给婴儿喂奶，不可能没有奶水；另一方面，又必须看到，时候到了就必须断奶，否则孩子就长不大。

"贯"之所以会同"习惯"相通，就是在提醒我们，人是很难从旧习惯中走出来的。多少的时候，先入为主的观念让人们落在旧的思维模式中而出不来。如果不突破这一点，人就无法适当地使用钱财，同时又不会被之绑住。这就需要人能看穿"贯"的实质。

(30) 穿

前面已经谈过，"贯"是一个把钱串起来的过程，它所要求的每一个钱都要穿得过。所以《说文》指出"穿"的意思是"通"。如果在"贯"的时候穿而不透就不可能通。

"穿"的部首从"穴"字而来，它的下面是个"牙"字。这相当于人吃东西的时候，必须细嚼慢咽，才有助于人体的消化和吸收。同理，我们在接受从外面而来的道理，也必须经过一番的深思熟虑，才能体会和吸取到其中的精华。

本书的信息内容，力求简单扼要，点到为止，一边留给读者更多的思考空间。特别是，我们从汉字查考出来的不少信息，可能都与以前你所听到、看到的不一样。所以，更盼望读者能够站在一个客观、理性、谨慎的角度，去思考自己所看到的这些信息。

相信一旦把本书的信息，从头到尾都贯穿在一起的时候，你对汉字的认识必然与以前大不一样。

贯穿既是一个过程，又是一种喜乐，愿你在学习、探讨的全过程，得以享受汉字带来的天天向上，清爽而平和的喜乐。

第二部分：价值连城

4、价值的概论

当谈到价值观的时候，在一般传统中国人的头脑里，总免不了要受到悖论的撞击。一方面抱住传统的道德观念不放，总以为满身沾了铜臭味不好；另一方面又不得不面对现实的生活，没钱难叫鬼推磨。所以，如何在这两者之间找到一个平衡点，就显得无比的重要。

(31) 價 / 价

"价值"到底应该从什么层次去定义，《说文》为我们做出了很好的注解。

"價"的部首来自"单人旁"，另一边是个"賈"字。"賈"是"市"的意思，所以"價"除了照字面的意思，当成是货物的价格去理解之外，还可以把之当成是在市场上打滚的商人去揣摩。

当把"賈"字当形容词使用时，它的含义是"善"。如果在人的脑海中一直把"商人"当成是"伤人"的代名词，把"市"和铜臭的"屎"味连在一起的话，就很难去理解为什么它会和"善"连在一块。

一般来说，古人比较重视伦理道德的修养问题，对于物质层次的东西，特别是商业方面的介入不多。这造成了今天不少的人走向两个极端，不是嗤之以鼻不在乎，就是把所有的精力都放在谋利的赚钱上。我们应该在两者之间找到一个有进有出的平衡点才妥。

(32) 值

《说文》指出，"值"的意思是"措置、处置"。从字义上看，它并不注重东西本身的价值，而是着眼于如何妥善地处理并利用从交易之中所获得的利润。

"值"字的部首来自"单人旁"，它的另一边是个"直"字。"直"的意思是"正见"。

所谓的"正见"，就是不歪、不偏、不反，就像皇帝挂在皇宫正殿上那块"光明正大"的横匾，叫人起敬畏、敬仰之心。

人若有了这样"正"的心态，不论从财物方面得到了多少的利益，都必定能大公无私，把它们恰如其分地用到该用、可用之处，去帮助和造就更多的人，同心协力地为建造一个平等、和谐的社会，有一分光发一分热。

当今有不少的人都在讲价值观。什么才是客观、合情合理的价值观？它既不能离开心灵层次所追求的理想，又必须符合当前人们在过、要过的现实生活。

从所谓悖论的观点来看，对事物的观察或评论，可以从正反两个不同的方向来看问题。意识和物质的关系，是心想事成的效应。人对事物所持的看法和观点如何，就会成为显明在物质层面的事实。

(33) 连

《说文》指出，"连"的意思是"负车"，也就是"人拉的车"。可想而知，人拉的车不可能走得快，一路辛苦是可以想象的事。

"连"的部首来自"走之旁"，表明这是一条人要走的路。一般而言，人们都把所谓的价值观当成是一种理论去理解。学经济的以为只要啃完了几年的书本，就可以在商场上大显身手。

然而，"连"字却泼了人一头的冷水，告诉我们认识价值观是一个实践的过程，是一条"人拉车"的路，其中的烦劳和辛苦都不是局外人容易明白的。

特别是，当伦理道德与钱财产物纠缠在一起的时候，更令人时常落在理不清、辩不明的困惑和挣扎之中，实在不好办。

那么，人怎么样才能从这种困境中走出来呢？这就要谈到"价值连城"这句成语中的最后一个字了。

(34) 城

古代的城都有高高的城墙，一般分两层，里面的叫城，外面的叫郭。所以，《说文》所下的定义是"城，所以盛人也"。也就是说，城是用来给人住的地方。

"城"的部首出自"土"，它的右边是个"成"字。"成"字的部首出自"戈"，带有大动干戈的味道。《说文》指出"成"的意思是"就"。那么，"就"又是什么意思呢？

《说文》的解释是："就，高也。从京从尤。尤，异于凡也"。也就是说，"就"是"酒"的谐音，它相当于酒，有提高人之阳气，不同凡常的特点。所以，我们常常把"成"和"就"合在一起。

如果一个病人就医，医生治病的最终目标，离不开提升病人的正气，让之与平常的感觉不一样。所谓的"异于凡"，不是说病人现在成为一个"超人"了，而是指可以脱离平常病秧秧、精神萎靡不振的状态。

从"城"和"成"的内涵来看，它们牵连到要如何成功护卫城中百姓安全的问题。由此而来，如果不能站在"成就"的高度，就不可能打败敌人。

当一个人从理性的正常思考出发，并从情感的层面，去提升里面火热的朝气，把负能量转化为正能量，就没有什么事情办不成。这正是价值观的核心意义所在，它为人的一生把关，使人能够超越周围的环境，不断地提升生命的品质。

(35) 资

当今的世界，离不开资本主义社会的存在。所以谈到钱财的话题时，我们首先要接触的就是"资本主义"的"资本"两个字。《说文》指出，"资"的意思是"货"，而"货"又是"财"的总称。所以，弄清楚这个"资"字的内涵，就显得十分重要了。

在"资"字的上面是个"次"字。在排列的次序上，"次"相当处于"第二"的位置；而与"资"相对应的"货"字，它的上面是个"化"字，带有变化的意思。

由此而来，我们看到这两个字是在暗示，虽然资本主义随着时代车轮的前进，一直在不断地变化，但是所有的这一切都不是最重要的，因为千变万化不离其宗，它都是处于次要的地位。

那么，谁才有资格处于举足轻重的第一的主要位置呢？那就是"资本"中的第二个字——"本"了。

(36) 本

《说文》解释说，"木下曰本"，指的是在"木"字的下面加上一横就是"本"，这加进去的一横相当于树根。没有根的树肯定活不下去，不管在外面动了什么"手术"，用了什么花招，最终都是没有用的。

我们一直在强调，你可不要小看这小小的一横，它是汉字的第一个部首，代表创造天地万物的源头。不管在人类的历史上出现了多少各式各样的"主义"，若没有跟"一"的源头接上线，就只能像断线的风筝，不管在空中还能飘荡多久，最后肯定还是要掉下来的。

所以，在人类数千年的历史长河中，无论是封建主义的"封"疆为界，还是独裁主义的"独"自称霸；不管是资本主义的"变"，还是共产主义的"同"，只要是停留在与"一"的源头无法接通的状况之中，就难以认识和掌控上天的创造之律，彻底地解决人类所面对的越来越多的问题，以及妥善对付越来越复杂的生存环境。

(37) 伦

"伦"字的部首出自"单人旁"，显明这是与每一个人都有关的问题。

《说文》指出"伦"字的意思是"辈"。这一个"辈"字的部首出自"车"，意味着像车子在走动一样，人要面对的是一个动而不定的局面。

而且，"辈"字的上半截是个"非"字，它带有"违背"的意思。换句话说，人所要面对的，不仅仅是一个动而不定的局面，而是人与人之间的关系，乃彼此背而不合，就像南辕北辙的车子，始终走不到一块。

这就为"伦"下了一个"又动又乱"的定义。在这样一个乱"伦"的环境里，才出来了孔子这样的儒家创办人，以万世师表的身份力挽狂澜，想用《论语》一类的儒家学说拨乱反正。于是，我们就顺理成章地进入了接下去的另外一个字——"理"。

(38) 理

一般而言，人们都以为，"理"是对着"道理"而言。然而，《说文》对"理"字所下的定义，却大大地出乎我们的意料之外："理，治玉也"。也就是说，它是指着"加工雕琢玉石"
而言。

我们都知道，再好的玉石，也是需要经过加工，最后才能光辉
夺目地显示于人的眼前。每一块玉石都是有其纹路的，怎样从
中理出一个头绪来，就是"伦理"中所提到的"理"的内涵。

作为万物之灵的人类，每个人就像一块玉石，在心灵的深处埋
藏、掺杂着善与恶、好与坏之间互动、互转的倾向。伦理所要
进行的，就像工匠手中所从事的雕琢工作，把其中的真善给
"理顺"；把粗丑的糟粕给铲除。

从今以后，当碰到"伦理"这两个字时，在你的头脑中，不要
再把之当作名词去理解；而要把它们当做动词去探讨，并且从
理论上的理解，进一步过渡到实践。那么，才能真正地体会到
什么叫伦理。

(39) 道

"道"的部首出自"走之旁"；而它的里面是个意思为"头"
的"首"字。

通常，就像上面刚刚讲到的，人们都习惯于把"道"与"理"
合在一起，成了听一听而已的"道理"。但是，就像理并非口
头上说说而已；道也不是耳朵听到声音就算。

反过来，"道"是指着一个人一生要走的那一条路。特别是，
这一条路是前头已经有人走过的路，也是任何一个想当"头"
的人应该走的路。

所谓的"头"，你可以把之当作是为人类奠定了信仰根基的开
创者，或历世历代以来为人类作出了杰出榜样的伟人或英雄人
物；而每一个有志于把自己的一生，奉献给提升人类文明水平
的人，都可以算是大大小小不一样的"头"。

"出人头地"常常是中国人喜欢挂在口里的一句话。如果说，人是为了真善美而出"头"，没有什么比这更合乎天道、人情和地理。诚然，出"头"的过程，也是除去"玉石"里面之渣的过程。而且，这是一条要从头走到尾，既是始又是终的路。

(40) 德

最后，讲一下"伦理道德"中最后的一个字——"德"。

"德"这一个字，它的部首出自"双人旁"，同样与人的走路有着密切的关系。这说明道德的观念，始终与人要走的路连在一起。若不付之于实际的行动，光听一听，或讲一讲一些大道理并不能解决问题。

"德"的意思是"升"，就是"登高、攀登"的意思。"德"有一个读音相同的异体字叫"悳"。它的部首来自"心"；"心"的上面是个"直"字。这乃是在暗示我们，当人走在登高、上升的这一条天路上，维持正直的心是必要的。

总而言之，"伦理道德"这四个字，指向一条提升人类素质的通天之路。不论什么时候，它所涉及的核心思想都是不会过期的，人若敢于用自己的自由意志所出回应，迈出不断实践的步伐，最后上升、翱翔于太空之中是必定的事。

5、孔子格言

在儒家学说中，孔子所说的"格物、致知、诚意、正心、修身、齐家、治国、平天下"，几乎已经成为中国文化中的一块奠基石，是历世历代以来不少人心中的座右铭。下面，我们就从汉字的角度，逐一地来看看这十七个字的内涵。

(41) 格

照《说文》的解释，"格"这个字是指"长木条"，当长木条断裂的时候，它所发出劈劈啪啪的声音，就相当于"格"字的音响。

所以，"格"字的部首出自"木"，是理所当然的事。而它另一边的"各"字，是"各不相同"的意思。而且，在这各不相同之中，还带有"行而止之，不相听"的含义。

换成今天的话，说白了，就是每个人都有自己的想法和看法，谁也不服谁。

这就是"格物、致知、诚意、正心、修身、齐家、治国、平天下"十七字格言迈开第一步时，所要面对的环境和局面的特点。它贯穿于从头到尾的整个过程之中。紧紧地抓住这一点，所有的问题都将迎刃而解。

(42) 物

"物"字的意思是指"万物"。它的部首是来自"牛"的偏旁"牜"，因为牛为大物，所以就成了万物的首席代表。

而"物"字的右边是个"勿"字，它是指一种杂色旗，代表杂色。这与"格"字所代表的各不相同的含义，恰好不谋而合。

"勿"字还可以从"不、无"的意思去理解。从这一个角度来看，当大大的"牛"和看不见的"无"走在一起的时候，意味着"牛"要放低自己神气的头，才能让五颜六色的杂色旗迎风飘扬。

因此，《说文》特别指出，各式各样的杂色旗合在一起，可以取得"趣民"的好处。也就是说，如果人类能够容纳各种不同观念或观点的存在，则小从个人、家庭，大至团体、国家，都可以和谐相处，活在其乐无穷的气氛中。

(43) 致

《说文》对"致"字的解释是"送诣也"。也就是把"诣"给送出去；"诣"字的部首来自"言"；右边是个"旨"字。这就有点像中国人在古装戏上常看到的，皇帝派人去传圣旨的味道在其中。

作为候旨的人，只能站在被动等待的地位。因为不知道什么时候会"圣旨到"。这就让我们看到，所谓的"致"，它牵连到双方的互动：一方的人说不定什么时候把诣送出去，但是无论如何这"旨"一定会送出去的，不然就没了下文。

而另一方的人则随时处在预备接旨的状态中。何况，随旨而来的"奉天承运，皇帝诏曰"，接下去要说些什么，都是接旨的人事前所不知的。所以，就更增加了"致知"的复杂性。

然而，《说文》还是给"旨"字下了个令人放心的定义："旨，美也"，指出它原本的字形就像人张开口，品尝用汤匙送进其中的美味，表示好好的味道。

所以，这无形之中就鼓励我们，不要害怕在"格物"的过程中，有太多的因素是人难以"致知"的，只要不断地总结经验及吸取教训，最后就一定可以进入"知"的范围。

(44) 知

在口语中，我们常把"知"和"道"合在一起，成了"知道"。这是一个十分简单的道理，一讲人就知道。

"知"的部首出自"矢"，它是指着"箭"而言，带有箭之快速的含义。"知"的右边是个"口"字，表示人心里真正知道的东西，随时随地可以脱口而出，就像快速的利箭脱弓而出一样。

在古时"知"与"智"同字，也就是"智慧"的化身。所以，人千万不要等闲视之。特别是，"知"的部首"矢"，是汉字中一个很特别的部首，所以我们有必要对它的内涵作一番探讨。

一方面，"矢"与"失"字形相似，又在同一个拼音字系之中，与"死"是谐音字。它在古时与"屎"同字。这一些都在暗示我们，它是潜流在人里面的一股致死能量。

另一方面，它与"誓"字相通，又是"箭"的代名词。这又暗示我们同样的一个"矢"字，也可以发出坚定的正能量，并最后把负能量转化成为对人体有用的能量。这就看人如何去正确地认识它，及适当地运用自己的自由意志了。

(45) 屎

古时"矢"与"屎"同字。所以，我们就特别来看一下这个"屎"字的内幕。

在日常的口语中，我们经常把"屎"与"粪"混用，并不觉得它们彼此之间有什么不一样的地方。

但是，如果我们从汉字部首来看的话，两个字的差别可就大了：

"粪"的部首出自"米"，那是人每一天都要吃进肚子里的养生之物；而人拉出来的"米、田、共"——"粪"就成了田里庄稼的肥料供应。所以，你可以看到"粪"与"奋"同音，禾木花果一见就兴奋起来了。这就叫把负能量转化为正能量。

而"屎"呢？它的里面同样是"米"，但其部首却出自"尸"，与它的谐音字"死"缠在一块。落在如此光景中的"米"，再多也不过是帮助尸体燃烧，多一阵的"灯油"。

明白了这一点，你才能认识"致知"的关键之处，在于先看清楚自己的身上，有多少与"屎"混同的死味，然后把它彻底地清除之，人接下去才有路可走。

(46) 誓

"矢"与"誓"字相通，同时又是"箭"的代名词。实际上，"誓"与"箭"两个字也是可以互通的。

"箭"的部首来自"竹字头"。竹是一种能曲能伸，既无心又有节的植物，由它所制作出来的利箭，具有勇往直前不回头的特性。

而"誓"的部首出自"言"，其上面的"折"字，带有"折断"的含义，表示一种坚定不移的决心，以及君子一言既出，驷马难追的信实气概。中国人也常用"折箭为誓"一语，表达人维护誓约的决心和意愿。

以上这些点让我们意识到，当我们关注"矢"的时候，重点应放在如何发挥它充满正能量的那一面。当人既能看到自己人性中的弱点，不再无知地自以为是；又不失去心中的正气和阳气，鼓足勇气往前走，那么就算在"致知"的道路上，迈出了踏实的步伐，有了一个可喜的开端。

(47) 诚

《说文》指出，"诚"的意思是"信"；而反过来"信"的意思则是"诚"。如此一来，"诚信"二字也就无法再分开了。

《说文》又指出，"信"在古时与"伸"同字，而"伸"是"不屈"的意思。所以，所谓诚信的内涵，就是不管在任何艰难困苦的情况下，都必须持守正而不屈的品质。

《易经》上的第61个卦叫"中孚卦"，它是专门对着"信"而言的。如果一个人的诚信程度，能够进入到中间的核心点，就像打靶时打中靶心一样，那就是"中孚"所要表达的最高标准了。

"诚"的里面是个"成"字，这意味着诚信是与成功连在一起的。一个真正诚而有信的人，不可能不到达成功的彼岸。

(48) 意

"意"的部首出自"心"，它的上面是个"音"字。一般而言，人都知道音是用耳朵才能听得到的，却少有人想到音是生于心。所以，如果一个人心里有鬼，说起话来吞吞吐吐，听此声音就知道不对头。

《说文》指出，"意"的意思是"志"。所以我们就从"志"字来探讨"意"的内涵。

简体字的"志"的部首是"心"，在"心"的上面也是一个部首叫"士"。什么是"士"？《说文》指出，"士，事也"。接着又补充说明：这是指"善于做事，从一开始，到十结束，是古代男人的美称。"

繁体字的"誌"字的部首出自"言"，这无形中给了我们一个提醒，如果人想作一个有志之士，就要去除夸夸其谈不做事的恶习。同时，还要学习管住自己的嘴巴，不要事无论大小随便开口，或这家长、那家短地轻易论断别人。

当"志"和"意"两个合在一起，就是经常挂在人们嘴边的"意志"。人之所以贵为万物之灵，就是因为享有自由意志的缘故。先把自己的"心"态给调整好，然后有始有终地做事，就是一个有志之士的必经之路。

最后我们想强调的一点是，"诚意"的核心思想，离不开要把诚信的决心，落实到人的实际行动上，否则光停留在口头或理论的层面上，没有什么实际意义和真实价值。

(49) 正

"正"有好几层的含义。首先，从字义来讲，它代表"正大光明"，就像皇帝挂在殿上的那块匾，叫人一看就记得不能乱来。

它又含有"新"的意思，所以一年开始的第一个月叫"正月"。因为"正"与"偏"是相对的，一直处于"第一"的位置。所以，"正见"不是随波逐流的偏见。

在古时，"正"与"征"通用，所以征税时也会被派上用场。该纳的税就要纳，该付的钱就要付，对不少人来说，这都是一种正与不正的试探和考验。古今中外一向如此，没有例外。

然而，"正"最重要的含义，还是得从它的部首来看。"正"的部首来自"止"，它既与足的脚趾有关，表明人要向着正确的方向不偏不倚地走下去；"止"又带有"停止"的含义。所以，该走的时候要走，该停的时候要停，这才是有"正见"的走路。

脚趾是与走路连在一起的，不管是走也好，停也好，都得听从"上头"的命令。这告诉我们，所谓的"正"，并不是有权有势的"头"的专利，也不是光凭嘴巴喊喊几声的口号。它是靠脚趾的实际行动所走出来的轨迹，不管是直还是歪，外人的眼睛也能看得一清二楚。

值得一提的是，"正"字的头顶是个"一"字，它代表天地万物的主宰，正在前头为人带路，如果你跟随袙"正见"的带领，或走或停，要不正都难。

(50) 必

"正心"的"心"字，你可以参看第 144 个字的信息。

这里我们之所以特别提到"必"字，因为它相当于"心"字的双胞胎。在"心"这个部首所属的字系中，它是第一个出现的字。"必"字比"心"字多出了从上向下斜出的一撇。这一撇是"分开"的意思，好像把"心"分成了两半，这一边是三画；另外一边是两画。

据《说文》所言，"必"是"分极"的意思。所谓的"分极"，是指房屋中间的正梁，在房屋的至高处，支撑分向两边的椽条，从而承受屋瓦的重量。

换句话说，"必"在这里扮演房屋栋梁的最重要角色，就像"心"在人之中居首位一样。因为，经过"格物、致知、诚意"的道路一直走下来，现在进入"正心"的阶段，正是越来越接近要被派上用场的时候了。

"必"也是"必然、必定"的意思，一个决心沿着"格物、致知、诚意、正心、修身、齐家、治国、平天下"的道路往前走的人，他必然会碰到各式各样的问题，面对种种的考验和试探；但已经来到"正心"路段的人，必定会排除万难走下去，夺取最后的胜利。

(51) 修

《说文》指出，"修"的意思是"饰"，它可以当"修饰"去理解。但是，如果从"饰"的部首来看的话，它是出自"食"，明显是与吃东西有关的；如果把"饰"的右边的"帀"也合在一起思考的话，可以说"帀"的部首出自"巾"，人佩带悦眼的巾参加宴会，这完全是合情合理的事。

实际上，这里把"修"和吃饭的"饰"连在一起，没有必要把之弄得太复杂。它就是告诉我们所谓的修养，应该就小事入手，从小处着眼。再也没有什么比食时的吃相，更能看出一个人的修养素质了。

特别是，当一个人在不需要戴假面具出现于公众场合时，其真实的吃相，更是反映其内心世界最好的一面镜子。

所以，人大可不必逃到老远的深山老林去修心养性。面对花花世界的每一个细小的浪花，当如何作出回应，才是观察一个人的能耐，到底有多厉害的最佳场所。

(52) 身

《说文》解释："身，躬也，象人之形。"这是从物质的层面，指出身就是对着人的躯体而言。然而，我们知道"修身"是合在一起的。所以，不可能仅仅把"身"理解为人的躯体那样简单。

"躬"字的部首来自"身"，另外一边是个"弓"字。当作为动词使用时，是"弯曲"的意思。当它和"身"合在一起时，则可以引伸为"弯身"，指行礼。所以人们才把"三鞠躬"当成是行大礼的代名词。

由此而来，我们就可以看到这里所提到的"躬"身，实际上是跟上面的修"饰"前呼后应的。它们都是对着修养之人，应该注意日常的普通礼节而言。

多少的时候，我们对修养得道的大师们总是毕恭毕敬，却很少想到，对一个心有所属，道有所长的"正心"者，到底是以什么样的标准来衡量其正果。

显然，修"饰"和"躬"身的心态就是答案了。当人正心到一定程度的时候，随着心变得越来越温柔，外面对人尊重、体谅和怜悯之情必油然而生。

诚然，外面的表现不过是一种形式的流露。更重要的是，里面是个什么样的人，外面就会做出什么样的事，这才是真正有价值的正心。

(53) 齊／齐

不论是繁体字的"齊"，还是简体字的"齐"，它们本身都是一个完整的部首。然而，从繁体字的"齊"中，你看到它实际上可以分成三部分：上面的"头"、中间分叉彼此对立的部分、以及下面的两只"腿"，中间夹着两根横木。

《说文》对"齊"字所下的定义是："禾麦吐穗上平也"。也就是说，当禾麦接近收成的季节，它们吐穗之后的"头"一眼望去是平的，尽管在它们之下的地面，可能崎岖不平，高低不一样。

这告诉我们，所有庄稼的生长状况都是不一样的，就像人的背景、性格和成熟度各不相同。因此，所谓吐穗的"头"平齐，一方面是指大家最后可能会在某一种信仰、理念的影响及薰陶之下走到一起；另一方面这"头"也是对着一家之主说的，不管你是把之当作家庭里的掌门人，还是一个团体、组织的带头人。

就像你刚刚从繁体字的"齊"中所看到的，它的中间部分是既分叉，又彼此对立的。所以，如果一个"头"对这一点认识不清的话，想借着采取强硬的的手段消除对抗，以便达到统一平齐之目的，恐怕即使一时顶用，也耐不了多久。

所以，该修剪的时候不要客气；该抚养的时候不要生气，就成了考验齐家之人的本钱和能力的一块试金石。

(54) 家

在"齐家"这两个字中，"家"是"齐"的对象。所以，我们就必须了解一下家里成员的状况。

"家"的部首出自"宀"，其意思是指"覆盖、深屋"；在它的下面是个"豕"字，也就是通常我们所提到的"猪"。"豕"与"死"是谐音字，所以你还可以进一步把之当"死猪"看。俗语说，"死猪不怕开水烫"，任何人要在"豕"中做教化的工作，都会感到十分棘手，因为彼此之间都混得太"熟"了。

一般来说，猪给人的印象是吃了就睡，所以人们常常把那些贪吃懒做的人比喻为猪。由此你就可以看到，要齐这样一个住满了"豕"的家，不是一件容易的事。

这也让我们想起了繁体字中的"齊"，在它下面的两只"腿"，一只歪一只直，中间夹着两根横木，象征着高低不平的地面。当人要踩在这样一把不稳的"梯子"上齐家，容易吗？

但是，任何一个接下来要"治国、平天下"的人，必须通过这道关才得以大展雄图。

(55) 治

在"格物、致知、诚意、正心、修身、齐家、治国、平天下"这十七个字的格言中，如果说前面的"格物、致知、诚意、正心、修身"是针对着个人的修心养性说的；那后面的"齐家、治国、平天下"，则是对个人与他人的连结而言。

从"齐家"走向"治国"，是一步很大的跨越，但原则性却没有变。

"治"的部首来自"水"，旁边是个"台"字。它让我们一下子就想到了大禹治水的故事。作为一国之君的大禹，在治水的过程中，他所到之处留下的足迹和传奇，常为后人传扬，为后来治国的君王们立下了美好的榜样。

"台"字带有"高"的含义，任何一个治国有方、有能的君王，都离不开从那高高在上的"台"顶走下来，与民众同甘共苦。所以，大禹在治水时，三过家门而不入的故事，才会一直在民间传留不息。

不管是齐家还是治国，它所要求的"人必须舍己才能有所作为"的原则，是一直不会、不能变的。什么时候人舍己的心胸越宽广，有所作为的领域就越扩大。

(56) 國 / 国

繁体字的"國"和简体字的"国"，它们的部首都出自"囗（发音为 wéi）"，它看起来与"口"字差不多，只是大小不一样而已。在古代，"囗"与"國"及"围"同字，所以不要小看这一个简简单单的"囗"。

在繁体字的"國"中，是一个"或"字。"或"带有"不定"的意思，所以在口语中我们经常用到"或者"这两个字。

"或"的部首是来自"戈"，意味着它与动刀动枪连在一起，也就是今天人们常提到的军事活动或行为。

由此可见，在治国的过程中，"治"是从精神的层面为人提供正能量；而"国"则从物质的层面，去强调一个国家的"囗"围，是与军事的实力戚戚相关的。

而简体字的"国"字，里面是个"玉"字，它与"王"同字，暗示一个王是在雕琢磨练的过程中成长的。人把以上所讲的因素通通结合在一起思考，大概也就明白"治国"所牵涉的要领是什么了。

(57) 平

最后，我们来看"平天下"。先看其中的第一个字"平"。

"平"字的部首，是出自"干"，这个字有不同层次的含义。其中最主要的意思是"干犯"，它一开始带有主动性的冒犯性质；后来又引伸为防御的自我保护机制。无论如何，"平"可以说是"治国"的人，平定来犯之敌必需的手段。

这一个"干"字，它与《易经》中的第一个卦——"乾"，是彼此相通的字。"乾"代表"天"，在人们的口语中，乾坤二字经常不离口。所以，"干"也代表人心中的那一股正义的阳刚之气。任何一个要平定敌人的君王，缺乏替天行道的义气和勇气，都是难以成功的。

《说文》对"平"字的解释是，"语平舒也"。当一切受阻的障碍都被挪除之后，人说话的语气自然也变得通畅舒服了。

诚然，平也带有"平和"的含义。当天下被平定之后，和平的气氛自然恢复。但是不要忘记，和平与战争就像气象台的天气预报，在准与不准之间，并没有绝对的精确数。因此，对立的双方是否打起来，人的自由意志，就在其中起了灵活调整的作用。

(58) 下

对于"天下"这两个字中的"天"字，我们在第 27 个字中已经解释过了，这里就不再重复。还没有读过该篇信息的人，可以回过头去看一看。

下面，我们讲一讲"下"字。这个字很简单，它和"上"字是一对好兄弟。两个字的部首都出自"一"，也就是说，他们的父亲是天地之间最大的那一位，乃是一切生命的源头。

"下"的意思是"底下"，这一讲就明。但是，如果我们把在上的"天"与在下的"地"连在一起看的话，事情就不简单了。

中国人很熟悉"否极泰来"这个成语。实际上，它是从《易经》中的两个卦——"否"和"泰"而来。"否"卦是天在上，地在下，看起来很合理，但却被定为"否"——"不通"的意思；而反过来地在上，天在下就成了"泰"——"平安顺"的意思。其中的原因是，"天"下到地面，万物才能与阳光雨露相交，形成一片欣欣向荣的景象。这也是泰卦的内涵。

由此，我们就可以发现，"平天下"的内涵，恰好与泰卦不谋而合。"天"岂不是在"下"来的过程中，成就了"泰"吗？你看，"平天下"乃是个过程，得到的结果是"天下平"。

6、儒家八德

在儒家学的传统教导中，有八德之说。那就是孝、悌、忠、信、礼、义、廉、耻等八个字。下面，就让我们逐一地来看一下这八个字的内涵。首先，讲一讲与"孝"有关的两个字："老"和"子"。

(59) 老

"老"字通常以偏旁部首——"耂"的形式出现。在传统的中国文化之中，敬老扶幼是人们一直传扬的美德。

中国的传统文化，最主要有两大流派，那就是道家和儒家的思想。道教的奠基人老子，与儒家的奠基人孔子，是同一个时代的人，两个人彼此之间也有过来往。但由于观察和考虑问题的立场及角度同中有异，所以就慢慢形成了不同的思想体系。

老子写了大约五千个字的《道德经》，现在已经风行全世界，不少人甚至把道家的思想当成一种宗教去看待。所以"老子"一名无形中已经成了道教或《道德经》的代名词。

在中国的俗语中，"老子"一名是"父亲"的代名词，所以有人就把之与《圣经》上所提到的"天父"连在一起。而《道德经》上所说的"道法自然"，也很自然地和"天父"挂上钩，从而形成中国人把"上天、老天爷、自然律"等等，与西方人惯称的"上帝、神、耶稣"等划上等号的概念。特别是，不少人都以为《道德经》的思想和《圣经》是靠得最近的。

在汉字中，从"老"这个部首而出的字仅有几个。可能，这是在暗示我们，可以当"老子"的成熟生命，不容易找得到。

(60) 子

在汉字中，"子"是一个独特的部首。照原来的意思，"子"是指刚刚出生的婴儿。

同时，在中国文化中，人们也把"子"与那些德高望重的伟人、名人连在一起。比方，老子、孔子、孟子、庄子等等，都是后面加"子"的人。

在《圣经》中，"人子"是一个十分难得的称呼。耶稣自称为"人子"，可见中、外文化对"子"高贵品质的认同是放之四海而皆准的。

此外，"子"还带有"种子、菜子、子实"等等生命相传不息的含义在其中。

值得一提的是，"子"字是由"了"和"一"合成的。"了"的意思是"没了、完了"；而"一"则代表天地万物的源头。

如此一来，当"一"和"了"合成"子"的时候，不就意味着"子"是没完没了的永远存在吗？所以，在基督教的教义中，一直强调"人子"耶稣是和天父合而为一的。

(61) 孝

当我们明白了老和子这两个字的内涵之后，再来看"孝"之德，就一目了然，什么都明白了。孝在八德中居于第一位，可见中国文化对孝德的看重异于寻常。

"孝"字的部首来自"子"，虽然在它上面的"老"也是一个偏旁部首；但是我们的重点仍然应该放在"子"的身上。

如果我们把"孝"放在前面，后面的"子"紧跟着，就成了孝子。这与"孔子"的"孔"字，其部首也出自"子"，恰好一拍即合。孔子是儒家的奠基人，儒家学说是特别注重孝德的，所以"孝"字的部首出自"子"，让子充当孝德的主角是顺理成章的事。

上面我们已经讲过，在中国文化中，人们把"子"与成功人物的名连在一起。从这一点上来说，居于"孝"字中的老者们，特别是身为父母的，无不盼望自己的儿女能够成为有出息，对社会和人类有所贡献的"子"；而作为"子"辈的，若能奋发图强达成老者们的意愿，才是最大的尽孝。

这不就是历世历代以来，中国文化对孝道最深刻和中肯的解读吗？汉字的无穷魅力就在于，常常能结合实际的社会状况，为我们提供合理的思路。

(62) 教

下面我们再来看一个与"孝"紧密相连的字，那就是"教"字。

"教"字的部首出自"攵"，它的意思是"轻轻地击打"。在古时，它指"戒尺"，也就是过去的老师用来打学生手掌的工具，代表老师对学生的管教手段。

而"教"的另一边恰好就是"孝"字。于是，我们就看到要成为一个真正的孝子，必定离不开与"教"的联合。

一直以来，在老一辈中国人的脑子里，总离不开孩子"不打不成器"的想法。但是，人真的是靠着"攵"一路不停地击打，就能把人教成为一个孝子吗？

看看《说文》对这个问题是怎么说的。它对"教"所下的定义是"上所施下所效也"。也就是说，上面的"老"者是怎么做的，下面的"子"也会跟着来。

那么，《说文》所说的"施"字，到底又是什么意思呢？

(63) 施

《说文》指出，"施"的意思是"旗貌"，也就是说，只要看看旗帜是怎么样柔顺地随风飘动的，你就知道施是怎么一回事了。

我们知道，旗帜的随风飘动是一件十分自然的事。风来它就动，风走它就停；风大它就大飘，风小它就小荡，一点点勉强而为的事它都不必干。

"施"的字义与"施舍、给予"连在一起。由此，如果上面的人在"施舍、给予"的方面，心甘情愿地尽力而为，做出美好的榜样；下面的人也会接着起而效之。

如果一个人的手里空荡荡的，要拿什么去"施"？这并不仅仅被限制在物质的层面，也可以用在精神的层面。

人应该尽力争取成为一个对社会和人群有所贡献的"子"。倘若上面的人是一个有所建树的"孝子"，必定也能影响、造就下面的人，成为一个合格的"孝子"。

(64) 悌

八德中的第二德是"悌"，它是指作弟弟的要敬爱兄长的意思。"悌"的部首出自"竖心旁"，另外一边恰好是个"弟"字，明显地表达出"悌"中的弟弟，对兄长的挂念之心。

值得一提的是，"弟"的部首来自"弓"，代表他是一个可以当兵的男子汉了；而"兄"字的部首却来自"儿"。照《说文》所言，"儿"是指"孺子"，即还没有长大成人的小孩。

若照这样的情形去思考的话，你会不会觉得碰到难题了：照道理应该是哥哥比弟弟强才对啊！怎么现在却反过来了？而且，到底是哥哥该照顾弟弟，还是弟弟反过来要关照哥哥呢？

这时，我们就必须进一步来探讨，弟弟与哥哥之间的角色转换的问题了。也许，你从来没有想过这个问题，但是却必须了解它的真相。

(65) 兒／儿

繁体字"兒"的部首来自"儿"；而简体字的"儿"则直接把"兒"，简化成为其原来的部首——"儿"。这样一来，就使得我们无法看到原来"兒"中的"臼"字，其在帮助我们了解"兒"的内涵上所起的重要作用了。

《说文》对"儿"字的解释是"孺子也"，也就是指还没有长大的孩童。任何一个人的成长，都离不开一定环境的磨练。所以，我们看到"兒"中的"臼"字，就是为着磨练"儿"而来的。

过去的臼也是用来椿米的，所以对孩童的教养，既离不开教，也离不开养，软硬兼施的方法，就得观形察色地灵活运用。

当我们明白了"儿"字的内涵之后，再来看下面的"兄"字，就不难明白，为什么弟弟与哥哥之间，存在着一个角色转换的问题。

(66) 兄

前面我们已经说过了，"兄"字的部首来自"儿"，代表还没有长大成人的小孩。"兄"的上面是个"口"字，暗示这个"兄"之所以长不大，问题就出在口能说，却行不出来。特别是，如果他以兄长自居，动不动就开口教训弟弟，以致"君子动口不动手"的恶习，更使之越来越落在"顽童"的圈子里出不来。

在中国文化的圈子里，人们所看到的"兄"与"弟"的排列顺序，几乎都是"兄在前，弟在后"，从而变成了"兄弟"。

但是在《圣经》中，我们看到的却是"弟兄"二字，是"弟在前，兄在后"的惯例。哪怕是在基督徒平时的称呼中，你听到的也是"弟兄"的称谓，没有谁叫"兄弟"。

这是因为，圣经上把基督称为"末后的亚当"。这相当于将人类的始祖——"先前的亚当"放在了按中国文化惯例所说的"兄在前"的位置上；"兄"与"凶"同音，意味着"先前的亚当"从堕落的时刻开始，就把人带进了凶多吉少的局面之中。

从基督徒的层面来看，它牵连到一个基督徒的生命，是仅仅在口头上喊喊几句口号而已；还是紧跟在基督的后面，成为一个能够开弓射箭，骁勇善战的士兵。

这是在告诉我们一件事：虽然汉字没有直接为人揭开"悌"里面的秘密，但冥冥之中，上天已经将"弟兄"的奥秘放在汉字之中，等待着有一天中国人能明白"弟兄"与"兄弟"两者之间的差别。并且，祂盼望更多人走出"兄弟"的行列，转变成为"弟兄"的关系。

值得一提的是，被不少中国人视为"国宝"的坊间预言书《推背图》，它里面两次所用的字眼都不是"兄弟"，而是"弟兄"，这实在出乎人的意料之外。冥冥之中，这隐藏了什么上天所安排的奥秘？

(67) 忠

在传统的观念里，所谓的"忠"是指着对君王的忠。但是站在今天的角度来看问题，如何重新去解读这一个"忠"字，就是一个不同的课题了。

"忠"的部首出自摆在正下方的"心"，说明我们应当从心理的角度去理解这个"忠"字的内涵。

"忠"字的上方是个"中"字。《说文》指出，"中"的意思是"和"；而"和"的意思是"相应"。所以，整一个"中"

字要告诉我们的是，人看问题必须站在中间平衡的位置，才不会走极端。

任何事物都有其独特的性质，相应于内部和外部的关系，由此，人必须本着合适的原则去处理一切问题，才是"忠"的最好体现。不论是上对君王，下对亲人或朋友，这种"忠"的原则都是适用的。

特别是，当人类进入了智能时代的时候，更需要加强对"忠"的认识，对"中"的运用。

(68) 信

在传统的观念里，常把"信"与对朋友的诚信连在一起。但是，今天我们也必须把之提升到更高的水平来认识。

"信"字的部首来自"单人旁"，在它的右边是个"言"字。

照《说文》的解释，"直言曰言，论难曰语"。也就是说，所谓的"言"是指有"正见"，即指没有人能够加以反驳而说的；反之引起人辩论的话就叫"语"。通常我们都把"言语"混在一块，实际上它们的含义是有所差别的。

而"信"就是人与"言"亲密无间的结合。因为彼此之间直言相投，没有什么你争我吵的余地存在。通常好朋友都可以做到以诚相待，但能否进入直言相信的程度，则是另外的一回事了。

因为，那已经进入信仰的范围了——不是说不吃人间烟火了；而是说，人一旦"言"和"语"有别，对不少问题的看法，交通起来就有了"牛头不对马嘴"，合不到一块的气味。

(69) 禮 / 礼

这里我们看到的"礼"，并非对着一般待人接物的礼貌而言。

因为，《说文》对"礼"字所下的定义是"礼，履也，所以事神致福也"。换句话说，这件事是与敬拜神明的事连在一起的。所以，人必须换个角度来看问题。

"礼"的部首出自"示"，那明显是和神明挂钩的；而"禮"中之"豊"乃是行礼之器，象征祭神求福。"禮"所展示给我们的整一幅图画，带着浓厚的宗教信仰的色彩。

在八德之中，"禮"这一个字是与"义"紧连在一起的。在前面第 18 个字的信息中，我们已经解读了"义"字的含义；而在第 15 个字的信息中，则谈到了"丰"字。它们都与本篇信息有所关联。所以，你可以回过头去看一看。

(70) 廉

照《说文》所言，"廉"的意思是"仄"，指一个狭窄、倾斜的住处。不必多说，你也可以推己及人地设想，委身屈居于这样的地方，到底是什么味道。然而，这就是老天爷安排给"廉"人的环境。

在封建王朝的时代，天子、诸侯、大户、士大夫等不同阶层的人，所住的地方都是大小高低各有规定的，不能越雷池一步。安排在正堂侧边居住的人，都是属于"廉"的地盘。能否忍受住如此不平等的对待，就是对"廉"的考验。

我们不能单纯从是否平等待人的角度来看待此一现象。对那些身居"廉"处的人来说，若能不自卑、不埋怨，守住自己该尽的本份，心无牵挂地走完人生的路，何尝不是"廉"德最后要带给人的极大祝福？

在八德中，"廉、耻"二字是走在一起的。在第 21 个字的信息中，我们已经解读了"耻"字的内涵。你可以回过头去看一看。

7、"贝"中的悖论

在当今的时代，经济已经成了整个社会的风向标。在汉字中，出现了大量与"贝"，也就是与"财"紧紧连在一起的字。同时，我们发现"贝"所属的字系，充满了悖论的色彩。换句话说，既跟你说"贝"是好的，又跟你说"贝"是不好的，不要被之迷住才好。下面，就跟你谈谈这一个话题。

(71) 貝／贝

在古代，海滩上的贝壳是人们用以交易的"货币"。同时，五光十色的贝壳也是人们喜爱的装饰品。因此，"好用"及"好看"就成了"贝"的两大特点。

不管数千年来人类的文明已经发展到什么样的程度，也不管用什么名词或术语来代替"贝"这个字，它的这两大特性都始终没有改变。

"贝"字本身是一个独立的部首，照道理就无法再分析它是来自什么部首了。但是，我们仍然可以看到，在"贝"的里面包含了"目"字和"八"字，这从另外的层面为我们揭开了"貝"的内涵。

所以，下面就让我们来看一看"貝"中的眼睛——"目"，以及带有"分开、分别"之含义的"八"，到底要告诉人们一些什么道理。

(72) 目

《说文》指出，"目"的意思是指人的"眼"——说了好像等于白说，谁不知道眼睛就是目？但是，"汉典大全"的资料告诉我们，先秦时代是没有"眼"这个字的，它是汉朝才出来的字。

我们要明白，"眼"字的部首是来自"目"，但在它的另一边是个"艮"字。"艮"的意思是"山"，也就是说，"眼"之中的"目"已经被"山"挡住，再也看不清"山"后面的东西了。

也许，这是在暗示我们，当初古人在海滩捡拾贝壳为"财"的时候，心境单纯，只知道这东西既好用，又好看，就享受了它带给人的快乐。

但是，随着人类历史的发展，物质文明的商业活动从一开始的使用贝壳，到了今天的电子数字交易，有太多的观念已经发生了翻天覆地的变化。甚至于，哪怕你觉得自己已经超前地看到不少远景了，但可能还是被"艮"的山挡住了眼睛。

所以，不管人原来对"贝"，即所谓的钱财，持守什么样的想法和看法，当人类进入数字的时代，我们应该跟上时代前进的步伐才对。

(73) 具

上面我们说过，在"贝"字的里面还有一个"八"字，带有"分开、分别"之含义。下面，我们就来谈谈与此话题有关的一个字。它就是与"貝"字十分相似的"具"字。

"具"字的部首来自"八"，"具"的含义是与"用具、工具"连在一起的，在古时与盛装食物的器具有关。此外，它还可以当作一个特殊的量词使用，那就是与死人有关的人或物连用，比方说，一具尸体、一具棺材等等。

既好用又好看的"贝"，如果把之当成手中的有力工具使用，并且恰到好处的话，无疑能够给人带来许多的利益和乐趣；但是如果"过目不忘"，一直耿耿于怀于如何抓住它不放，则可能最后变成装尸体的棺材。

此中的关键所在，就在于如何认识在"八"中的"分开、分别"之神圣的律。中国人一向很喜欢"八八八"这组数字，以为是"发发发"的谐音，只要能发就好。岂不知人最后是生是死，到底被分到哪一边：是在天上闪闪发光的"哈哈哈"，还是落在地狱里的"罚罚罚"，那才是人生在世必须弄清楚的主题。

汉字谐音字的魅力实在让人惊叹不已！

(74) 買 / 买

在今天的现实社会里，每一个人都无法避免地被卷进了买卖的行为和活动之中，特别是当人工智能在各行各业纷纷亮相的时候，买卖更是无孔不入地横扫人们衣、食、住、行的每一个环节。过去是人在做买卖的主人，但今天反过来是人成了买卖的奴仆。

繁体字的"買"，它上头的"罒"，当作"网"的偏旁用。也就是说，"買"的人就像头上被一个网罩住一样，以致昏头转向，别人叫你"買"什么，你就"買"什么。

简体字的"买"也不例外，只不过头上的"网"换成了一把横"钩"而已，钩住一个，准拉住一个，没得跑！

往后，当你要买的不再是实际需要，而是心里想要的东西之时，想一想头上的那一个网，或那一把钩，是否会清醒一些呢？

(75) 賣 / 卖

"賣"字的繁体字，是在"買"字的上头加了个"士"字。这里的"士"，是指过去社会上的士大夫。这些人都是读过书，有知识、有地位的人，相对来说伦理道德的观念也比较强一些。

所以，把这些人列在"卖"的行列里，意味着他们同样也落在"買"的罗网之中。只是，"网"对这些人来说，有着不同的含义。

士人们有着足够的能力买自己需要或想要东西，不像穷人一直活在贫困与病痛的挣扎之中。

但是，如果要有财的人士帮穷人一把，能不能做到则成了他们一个很大的试探。现在世界上一些有钱人在从事的慈善事业，不就是按着"卖"的精神原则在进行吗？

当然，要如此做并不容易，因为它牵连到一个人如何改变自己的旧观念的问题。所以，我们才看到简体字的"卖"字，是在"买"的上头加了个"十"字，并且它成了"卖"字的部首。

照《圣经》的说法，十字架象征神的能力，能够帮助一个人改变旧的生命，所以当"买"的人愿意走十字架的道路，就可以成为一个名符其实的"卖"者，对别人提供必要的帮助，益己利人。

(76) 贩

《说文》指出，"贩"的意思是"买贱卖贵"。一般所谓的"小贩"，就是靠着"买贱卖贵"的方法，赚一点利润养家糊口，大都很辛苦。

然而，这一个"贩"字，它右边是个"反"字，也就是"反转"的意思。由此，我们就可以想到，"买贱卖贵"反转过来就成了"买贵卖贱"。作为一个正常的小贩，当然不可能去做这样的亏本生意。但是，对于当今有助人为乐之心的"买卖"人来说，这恰恰是最可行之路。

人不再做一个糊涂的"买"家固然好，但还要学习做一个"买贵卖贱"的"卖"家，去帮助需要成长的人。并非一味地让人享受免费的午餐就叫有爱心。这样，既恰如其分地解决他人的燃眉之急；又不损害到他人的自尊心，尽量激励其奋发图强的意志力，才是新时代一个合格的"买卖"人应有的智慧、风格与气度。

在《圣经》的"启示录"中，提到在很快即将来临的日子里，如果人不在右手或额头上接受兽的印记，就无法做买卖。有些人就想到这是否指着要把人工芯片埋进人的身体里。

当你明白了做买卖是怎么一回事之后，就恍然大悟了：人与兽的差别，就在于自己不会陷身于"买"的罗网中；而该卖的时候又会毫不犹豫地"买贵卖贱"，尽心、尽力、尽意地帮助别人。这样的买卖，岂是兽性未灭，人性未全的人所能做得到的事？

(77) 赎

"赎"是一个相当特别的字。"赎"的本意是用财物向对方换回人或物的抵押品。这明明是一宗用钱"买"入的交易，但"赎"却反过来与"卖"连在一起。在汉字中并没有一个"贝"与"买"合在一起的字。

换句话说，这一个"赎"实际上把"买卖"的内涵都包在其中了。你说"赎"是买也好，是卖也好，都对。实际上它们是无法分割的，所以说：买可以是卖；卖可以是买。

在汉字拼音中，"买卖"二字都是出自 mai，只不过"买"是拉长音的第三声 mǎi——下而上；而"卖"是干脆利落的第四声 mài——去。这似乎在暗示我们一个事实：人要向善（上）变好，这是一个漫长的从下开始而上行的过程；而为非作歹，执着一个恶念，立时就可以把人打"去"地狱。

《圣经》不断提到上帝救赎人类，是用耶稣的宝血作为赎价，买了那些愿意跟随祂的人。从这里，我们就更清楚地看到了在"赎"之中，"买"和"卖"之间的密切联系和互动。

上帝要"赎"一个人的身体，乃是弹指之间的功夫；但要"买"到一个人的改变，至终成为可用之材，却不知道要花费多少的时日。

在祂，因为不受时空限制，所以时间多的是，耐心也一点都不缺。但是，留给人类的时间和空间却是有限的，所以，好自为之才能被派上用场。

(78) 質／质

在现实的社会里，我们时不时地可以听到、看到一些有关绑架人质的新闻。繁体的"質"这一个字，它的部首出自"贝"，上面是两个并连的"斤"字，象征着砧板，十分生动地描绘出一幅"质"的图画：人就像放在砧板上的肉，是死是活就等待着"贝"来分解。

不必多加解释大家都心知肚明，凡是成为了被绑架的人质，必定有某种特殊存在的价值，否则不会有刀架在其脖子上。

我们也可以把"质"当成"保证金"去理解。作为被绑架的人质，最担心的事不外乎保证金是否有着落，能否及时送到目的地。所以，保证金也就成了问题的关键所在。

照《圣经》的说法，已经被上帝救赎的人，有时也可能成为被恶者"绑架"的人质，为的是让人借着磨练和考验，生命变得更加成熟。但是，上帝已经在被救赎的人心中，放了"保证金"的凭据，告诉"人质"一切都不必担心，所有的事情都掌控在天地万物之主宰的手中。

想一想，倘若在你的一生中，凡事有着这样一位坚强有力的父亲作后盾，不管发生什么样的事，还有什么值得担心害怕的呢？

(79) 赢

现在的人，动不动就提到"双赢"这两个字。但是，如果我们仔细地查看一下"赢"字，就会发现人真的想"赢"，并不那么简单。

首先，你可以看到"赢"这一个字一共 17 画，多难写！但是，汉字简化时却没有动到它的一根毫毛。而且，"贝"字作为"赢"的部首，却屈身于最低之处，几乎很难发现它的存在。

然而，这"贝"虽小，却居于"赢"字下方正中的位置，在"贝"字所属的字系中，只有"赢"中之"贝"，是如此的不同凡响。所谓"君子爱财，取之有道"，从"赢"字的身上，我们似乎闻到了这样的气味。

《说文》对"赢"字所下的定义是"贾有余利"，意思是在市场上获得丰盛的盈利。当"赢"的部首"贝"处在来自上面的死亡威胁，及左右人为的挤压时，仍然泰山压顶心不动，这是它最后能站在赢之位置的关键所在。

虽然，就像运动场上的赢者，只属于排在前面的第一、二、三名，并非所有的人都能够进入"赢"的大结局。但是"赢"带给人的启示值得深思。

(80) 購 / 购

现代人的购物活动，特别是在网购进入人们的生活圈子之后，几乎没有一个人不被"购"字所勾引。简体字"购"的右边是个"勾"字，所以，人像鱼一样不断地上当被钓，也就不是什么奇怪的事。

但是，繁体字的"購"却不一样。"購"的本义是以财有所求。古代到处张贴的悬赏布告或寻人有赏，都是属于"購"的范围。

"購"右边是个"冓"字，它就像木头交叉堆积在一起，意味着要找的人就像隐身于木材堆中，好找吗？由此，我们就可以看到繁体字的"購"所要表达的意思，可以说是钱主动去找人；与简体字的"购"所要表达的意思，是东西主动找上人要钱，完全是两个不同的概念。

明白了这一点，你就要学习两头看问题，既不要忘记古代

"購"的含义，只要你真有本事，迟早钱会上门来"购"人；也不要太轻易地上当受骗，被"东西"把你给钩走了。

(81) 赛

"比赛"是当今的人经常听到、说到的两个字。特别是每四年一次的奥林匹克世运会到来的时候，全球几乎所有的人都动了起来。

"赛"字的部首从"贝"字而出，开始的时候有点令人想不到的感觉。但再想一想，现在哪一届的奥运会，不是成了各个国家都在尽力争取的巨大商机？说"赛"和"贝"字已经成了一对亲密的合作伙伴，一点也不过分。

然而，如果看一看《说文》对"赛"所作的解释——"行祭礼以酬神"，就未免太出乎人的意料之外了。没想到吧？连天上的神明也卷进"赛"之中了。

其实也不难理解，"贝"字的第二层含义——好看，不就把"赛"的真相表露无遗吗？如果天上的神明也喜欢人间热热闹闹的话，那么人在"行祭礼以酬神"的时候，除了外表的仪式之外，主要是从心里向上天发出自己真实的感恩之情。这才是天地人合一、天人共庆的最佳体现。

(82) 赞

"赞美"是现在的人很喜欢使用的一个词，特别是那些一直在强调正能量的人，更从不会忘记，把赞美和感谢一直挂在嘴边上。

查一下《说文》，发现它对"赞"字所下的定义是"进财货以求见"，未免令人感到有点意外：难道赞美光是在口头上说说并不算数，还得出钱才行？

"赞"字的上方，是两个并列的"先"字。"先"是"前进"

的意思，或者说是走在前面的人。所以，这两个并列而站的"先"者，是走在前面的成功见证人。

"赞"不是在口头上喊喊几句口号而已，它是一种决心迈向"先"之行列的实际行动；它是一种向前面的"先"行者学习取经的态度。大概你也听说过，要和名人们一起共餐的"饭票"相当不便宜，这不是"进财货以求见"是什么？

当然，并不是每个人都有足够的经济条件，可以先拿出财宝向外"赞"的。但是，你可以为自己点"赞"，不屈不挠地勇往直前，总有一天可以成为一名有本钱的赞美者。

(83) 赈

赈这个字对许多人来说都不陌生，因为它就是我们经常看到的赈灾。现在的世界已经进入地球村的时代，不论哪一个国家或地区发生了自然或人为的灾难，马上会引起全球的迅速反应，赈灾行动随之发动起来。

值得一提的是，"赈"和"振"原来是彼此相通的字。所以，赈灾只是一个手段，它所要达到的最终目的，在于振奋灾区的人心和民情，使灾民能够去除心中的惧怕和忧愁感，产生重建家园、奋发图强的力量。

其实，不仅赈灾的工作必须在此原则下运行，其它涉及赒济穷人的事物，也必须照着类似的原则去处理，才能既解决实际的生活问题，又使人的精神面貌相对得到提高。

"赈"的右边是个"辰"字，它的意思指"身体"。这告诉我们一个养生的道理，如果你想让自己的身体强壮起来，就无论如何必须让精神振作起来。病弱的身体就像在灾中受损受害，只有重新"振"起来，才是唯一可行的出路。

(84) 負 / 负

现在"负能量"及"正能量"这两个词，大家都看、听、讲得太多了，所以今天大部分的人，几乎都无法去定义，什么是"正能量"，什么叫"负能量"。

《说文》对"负"所下的定义是："负，恃也，从人受贝有所恃也"。它的意思是说，人若恃赖钱财就是"负"。你可以看到，无论是繁体字还是简体字，它们的部首都是来自代表钱财的"贝"字；而"贝"的上面是一把"刀"。

由此我们就悟解到，必须从不同的方向来认识"负"的内涵。一方面，它是与"贝"连在一起的。人没有钱财自然很难过日子，使用正当的手段获取财富，这并不是什么坏事。反之，这种自力更生、奋发图强、物为我用的能力就叫"负能量"。所以，你可以看到"负"和"富、福"都是同音或谐音字。

从中国文化熟悉的阴阳学说而言，阳是指看不见的意识；阴是指看得见的物质。两者之间是体和用的关系，缺一不可。所以，阳对应于正，人应该有积极向上的想法；而阴对应与负，它是人必须拥有的物质基础。"正"与"负"之间没有什么冲突。

从数学的概念去理解，正数和负数并不存在着谁好谁坏的问题。同理，从钱财的角度去探讨，也不存在正能量与负能量谁好谁坏的问题，仅存在着是否有钱财的差别。负能量是不能被"打倒"的，一旦被消灭了，阴阳就无法共存，一切乱了套。

从这个角度来看，所谓的"负"带有"负责任"的含义，就是人必须承受一定的压力去提升自己的阳气，用正当的方法去尽力谋取生存的资源，改善生活和工作的环境。

但是，当物质或者说"负能量"，积累到了超过自己的需要，这时人若为了一己之私而想把持财富不放的话，"负"字头上的那把"刀"就要开始发挥作用了。人们常说"小心不要让锋利的刀割伤了自己"，就是这个水可行舟、也可覆舟的道理。

俗语常说，"富不过三代"，就是指着无法把负能量转化为正能量说的。对于已经处于富足地位的人来说，必须敢于走上"给予"的道路，使自己的灵魂"升级"。若被负能量"货仓"里的钱财所绑架，就只能一辈子唯唯诺诺成为它的奴隶。

不管你属于哪一种人，都离不开对"负"字必须有正确的认识，你无法离开"负"中的钱财过日子；也不能被"负"中的刀子夹在脖子上等死。

(85) 赖

下面，我们来看一个颇为特别的字——赖。它之所以特别，是因为其右边是个"负"字，我们很容易马上就联想到"负"能量。从字义来说，"赖"给人的印象也好不到哪里去，"依赖、耍赖"都是人通常会先想到的字眼。

所以，我们必须学习从不同的角度来看"赖"字。上面我们已经解释了"负"字的内涵，现在再看一看"负"在"赖"中，又要充当什么角色。

我们一直强调，负能量不能被打倒，只能被转化。"赖"字要讲的就是这个道理。你看，"赖"的左边是个"束"字，带有"捆绑"的含义。也就是说，"赖"要我们捆绑旧的观念或观点，使人的思想得到调整和更生。如此一来，人们就能用正当的方式，发挥灵活的手段去赚取钱财，使人能尽快地进入正常的生活秩序。

接着，当人已经自立自强之后，再从一己之私转变成为大公无私，让人利用钱财为社会做贡献的积极性，被充分地调动和发挥起来，如此一切问题就将迎刃而解。这时，"赖"字就进入了它原来所命定的位置，扮演起正面的角色。

看看《说文》是怎么说的："赖，赢也"。在前面第 79 个字中，我们已经详细地解读了"赢"的含义，指出它是正能量的象征。当"赖"和"赢"划上等号的时候，不就意味着"赖"中的负能量，最后被转化成为正能量了吗？

(86) 贬

"褒义词"或"贬义词"是我们经常听的词语。"正能量"和"负能量"这两个词我们也听多了，无形之中在人们的头脑里，都把"正能量"归到褒义词这一边；而把"负能量"划到贬义词那一边。

把"正能量"归到褒义词这一边没有什么问题。但是，前面我们已经跟大家讲了"负"字和"赖"字的内涵，如果把"贬"和"负"混为一谈，把"负能量"划到贬义词那一边，那就不是什么明智之举了。

"贬"字的部首无疑是从"贝"而出，它的右边是个"乏"字，表明了缺乏钱财的事实。一个人欠缺钱而少财，自然什么事情都不好办。单是为了对付一日三餐的需要，就可以把人搞得筋疲力尽。

照《说文》所言，"乏"的本义是指古代唱靶者用以避箭的器具。如果箭射中靶心叫"正"，否则叫"乏"。所以"贬"的内涵不仅是指缺乏钱财的这一事实，更暗示了人受贬的原因，是没有看清前面的目标，做事疲塌懒散。简而言之，是人自己不争气而造成的，不要把责任推给别人。

由此而来。你就可以看到真的缺钱的"贬"，和有了钱却死死守住的"负"是不同的。虽然两者都有欠缺，但寻求改变的方向却不一样。"贬"时，要奋发图强、积累财富；"负"时，要学习舍己，利人益己。越愿意撒种，收获就越丰盛，这是一条不变的收种之律。

(87) 贪

一提到"贪"字，几乎不加思索，不少人就会如数家珍般地把贪心、贪婪、贪官、贪杯……等等，不断地往里面加。然而，如果我们停下来想一想，这"贪"字的定义到底是什么呢？恐怕不少人都会愣住了。

《说文》对"贪"字的解释是"物欲"，也就是对东西的一种欲望。活在这个世界上，衣食住行方方面面，谁都需要用到物质性的东西，这能算是"贪"吗？倘若答案是"不"的话，那为什么《说文》一言咬定"贪"就是"物欲"呢？

这时，我们就不得不来看一下，在"贪"字上面的"今"字，到底有什么含义。

《说文》解释，"今"是"时"，特别是指着"四时"而言。所谓的"四时"，就是一年的四季。你想，这"四时"一下子就把一年的 365 天通通包括进去了，天天都成了"今"天。如果一个人天天都在想东西，显然就超越了对物欲的需要，而转化成为对物慾的想要，难怪这时《说文》就把"贪"的帽子载在这个人的头上了。

倘若人懂得把想要的物慾，化成积累负能量的动力，并进一步把负能量转化成正能量，那就算走对路了。而且，不怕你天天想，就怕你不想。

"物欲"和"物慾"是两个不一样的概念，你可以看看第 163 个字对"慾／欲"的解读，就知道是怎么一回事了。

(88) 贫

就字义而论，"贫"这个字是"财分少"的意思。但是"贫"上面的"分"字，除了"分开"的意思之外，还带有"分别"的含义。当以"分别"的意思解时，"贫"的内涵就变得相当复杂。因为，你要站在悖论的立场，从相反的方向看问题。

一方面，"贫"不见得就不好，也不等于在经济上处于一贫如洗的地步。当它和"穷"合在一起成了"贫穷"时，你可按前面第 12 个字的"穷"去理解。它乃是造就一个大丈夫"富贵不能淫、贫贱不能移、威武不能屈"之崇高品德的特定环境。

另一方面，"贫"不见得就是好，当"贫"和"困"在在一起而成了"贫困"时，"困"所代表的是一间废弃已久的房屋。当贫困的人固执己见，不愿意改变自己陈旧的观念，所以一直地贫下去，就不是什么值得坚持和赞扬的好事了。

这就是"分别"二字带给我们的启示。如何智慧地做出正确的辨别，不是一件容易的事，但只要人有一个谦卑受教的心，终究是可以看清方向的，该改变的也会被调整过来。

(89) 贿

贿赂是今天我们经常接触到的字眼。"贿"字的右边是个"有"字。

颇有意思的是，《说文》指出"一有一亡曰有"，就是把"有"与日食和月食的事件连在一起看。不管是日食还是月食，当它们发生的时候，都是其中的一个暂时"没"了，这就叫"有"——不该发生的事有了。所以，任何时候"有"都是相对着"无"而言，这的确是一种很独特的看见。

当我们把这样的"有"和"贝"合在一块，它们成了"贿"字。我们从中可以看到贿赂的真相是，给钱的一方看似"没"了；拿钱的一方看似"有"了。但这不过是一个像日食、月食那般的暂时现象，什么时候"交易"结束了，似乎一切都平安无事地恢复了正常。

但是不要忘记，所有的日食和月食，在天文记录的本子上都是有资料可查的。同理，贿赂双方所做的点点滴滴，也是有账可查而绝对抹不去的。

明白了这是恢恢天网的一个律，做贿赂交易的人就得明白，到头来这亏本生意是做不得的，因为卷在其中的人，最后绝对捞不到便宜。

(90) 赂

与"贿"是同路人的"赂"是"遗留"的意思，暗示贿赂会带来很大后"遗"症的，卷在其中的人都得被迫收拾残局，脱不了最后的干系。

而且，你看到"遗"的部首出自"走之旁"，它的里面是个"贵"字，显明这是一条要付出昂贵代价的路，谁走上去谁倒霉。

"赂"字的右边是个"各"字。《说文》对"各"字的解释是："异词也，有行而止之，不相听也"。也就是说，"各"代表着各式各样的人，有的要走，有的不想走，没有谁愿意听谁、服谁。

通常，贿赂的行为不会仅仅在一对一的范围内进行，它所涉及的对象比一般人所设想的要多得多。所以，"各"的"不相听"之元素，就会在"遗"者逃亡的路上持续发酵。可想而知，最后被各个击破的命运，也就尘埃落定了。

(91) 贼

通常，人们都把"贼"锁定在小偷小摸的概念之中。但是《说文》却不是这样看。它对"贼"字所下的定义是："贼，败也"，与"残害、伤害"有关。

"贼"字的右边是个"戎"字，与打仗的"兵"有关。由此而来，我们就看到"贼"的实质，不仅仅与钱财连在一起，最主要的是与人的生命戚戚相关。

历代祸国殃民在朝上弄权的人，常被人斥责为奸贼。因为"贼"挑动人类彼此兵戎相见、祸害人间，才会被人唾骂而遗臭千年。

《圣经》把进入羊群中的狼比作"贼"不是没有道理的。看不清"贼"之真相的人，被贼所害而得的损失，比被小偷小摸拿走了几个钱，不知要高出多少倍。所谓的"既要钱又要命"，这才是"贼"的可恶之处。

(92) 赌

不少人都听过"十赌九输"这句话，但是，在赌场里"明知山有虎，偏向虎山行"的人却大有人在。所以，戒赌不但成为一些人的难题，同时也给人们带来了不少的困惑。

就拿眼前的这个"赌"字来说吧，它的右边是个"者"字。"者"是一个代名词，相当于"这"的意思；它还可以当助词使用。如此这般，实在令人难以确定，"者"在"赌"中所要扮演的到底是什么样的角色。

"者"的部首是出自"老"字的偏旁，下面是个"日"字。我们就从这里入手，探讨一下"赌"字的内涵。

作为一个来"日"无多的"老"者，接下来还能干些什么呢？所以"赌"是在提醒人，不要把一生的日子都押在"赌"字上了。如果你是一个来日无多的老者，无聊之时玩上一小把散散心，大概还不至于坏到哪里去；但如果你把之当成正业去经营，那无非是自投罗网，死路一条了。

如何去认识"赌"中之"者"——"这"太重要了。不管是谁，在人的一生之中，你"这"一个人，若不能认识自己是个什么样的"者"，以及要变成一个什么样的"者"，那么现在就得好好地想一想。

从赌徒老不认输、一心想赢的性格来看，也许这是暗示在人类的潜意识中，有一种不轻易接受救赎的思想，却又一直不甘心白白死去，想最后赢一把的念头。如果真是这样的话，那人可就要"以毒攻毒"地下决心，用狠劲跟自己的旧本性决裂，才能最后进入"赢"得生命的领域。

不少中国人都有好赌的习性和倾向，这背后的来龙去脉，的确值得令人深思。如果你现在愿意下决心的话，也可以跟自己赌一把：看看临终断气的那一刻，是赢得了生命成王，还是败给了魔鬼成蔻？

(93) 贞

一提起"贞"字，在人们的潜意识里，直觉的反应就把它与女人的贞洁连在一起。但是，我们却发现"贞"字的部首出自"贝"；而它的上头是个和"贝"紧紧粘贴在一起的"上"字。

由此而来，我们就不能仅仅照传统的概念，从性的贞洁度去定义"贞"的内涵。特别是，当今天男男女女同居的现象比比皆是，甚至同性恋的话题也摆上了台面的时候，我们更不能肤浅地去看这个"贞"字。

如果一个社会进入了笑贫不笑娼的阶段，就不是很妙了。作为万物之灵，人的性欲不能像动物那样，想放纵就放纵；也不当把人应有的尊严，降到与海边不值钱的贝壳同价的地步，那是起码的"贞"的底线。

尽管在今天性开放的社会里，要找到"童男童女"就像童话故事里面的镜头，可看不可求。但是人类的文明，不可能退化到"动物园"里去。

"贞"上头的"上"字，就是在一直地提醒我们，人的灵性是应该向上升级的，这是人类唯一的盼望，也是"贞贞正正"的美好前途。

8、钱与财有别

通常，人们都把"钱"与"财"混在一起，称之为"钱财"。然而，实际上这两个字的含义是不一样的。下面，我们就来看看它们有什么样的不同。

(94) 賤／贱

当人做生意、与买卖打上交道的时候，免不了都会同货物的价格碰面。《说文》指出，东西的价格低叫"贱"；反之则叫为"贵"。它们一目了然都是从"贝"的部首出来的，所以你可不要以为，所谓的"贵人"，就一定是指为民伸怨除害的"包青天"而言。

"賤"的右边是个"戔"字，你可以清楚地看到它是由两个"戈"字重迭而成的，带有大动干戈的味道在其中。在生意场上，商家彼此大动干戈，互相杀价的结果，必然导致商品"贱"、价格低的结局。所以俗语常说，和气生财不是没有道理的。

反过来，我们再看看"贵"字，在它的上边的部位，是堂堂皇皇的"中"字，下面连着代表天地万物之源头的"一"字，有着如此光明正大的格局，要不"贵"都难！

人是贵还是贱，固然与"贝"所代表的"财"有着相当密切的关系。然而说到底，贵之中的"一"和"中"才是所有问题的关键所在。人若真能明白这一点，大动干戈的"贱"事，就不会干起来了。

(95) 錢／钱

我们前面已经讲了"贱"字之中，包含了大动干戈的"戔"字。

当你明白了这一点之后，再看看"錢／钱"字，马上就知道是怎么一回事了。因为在"錢"的里面，也是大动干戈的"戋"字在充当主角。

而且这一次你还可以发现，"贝"的部首已经换成了"金"。当一个人面对的"钱"，不再是小孩子在沙滩上玩耍的贝壳，而是闪闪发亮的黄金时，你想"贼"会怎么做？抢呀、枪呀、谴呀、潜呀，什么硬软兼施的手段都使出来了。

所以，在俗语中我们常说"有钱能使鬼推磨"，却听不到谁说"有财能使鬼推磨"。这大概和小鬼们为着分到多一点的钱，免不了又要大动干戈有关。

接下来就让我们再来看看，"钱"与"财"不一样，这里面到底隐藏了什么样的奥秘。

(96) 财

《说文》对"财"所下的定义是"财，人所宝也"。它的意思是说，"财"是人最宝贵的东西。"宝"字的里面，是一个"玉"字，代表珍贵的宝石；但是，同样是这一个"玉"字，它又与"王"同字。在一般的中文词典里，如果你不从"玉"的部首进去，找不到"王"字所属的字系。

于是，有一个问题就摆在我们的面前，到底人视为最宝贵的，是"玉"这样东西，还是"王"这个人呢？

换句话说，"财"字可以分拆成"贝"和"才"两个部分，如果说，"贝"相当于"玉"；而"才"相当于"王"的话，那么，是东西重要，还是人重要呢？

你可不要以为这是一个容易回答的问题。因为它后面牵连到太多需要考虑的因素。你就把之当成是个家庭作业，有空自己慢慢地去琢磨。按照一般人的思考习惯，都是从明白变糊涂，再从模糊变清楚。

下面，我们先来看一看，《说文》对这一个"才"字是怎么解释的，才容易找到正确的思路。

(97) 才

《说文》对"才"字所下的定义是："草木之初也"。意思是指新生的生命，如同刚冒出地面的植物。这与"生"字的含义不谋而合。

"才"字的部首出自"手"字的偏旁（扌），两个字的字形十分相似，笔画又一样，相当于是"手"的代名词。手是人体上肢的总称，它倾向于上伸，与草木之初寻求向上成长的特点相吻合。因此，整一个"才"字，乃是人之生命寻求向上成长、发展的缩影。

在圣经中，"手"可以当"灵"来使用，所以"神的灵"也可与"神的手"互通。由此，更让我们进一步看到"才"与灵之间的关系非同小可。

有了这样的基本观念垫底，你就不难觉察到，在"财"字的里面，代表生命活力的"才"，显然比看得见的"贝"来得更重要。虽然前者是看不见的，但在人的一生之中却扮演了举足轻重的角色，站立在谁都无法代替的地位。

然而，由于人习惯于眼见为实、为贵，所以总是把看得见的"贝"，放在似乎不值钱的"才"的前面。随着人类迈进了人工智能的时代，这种固执的观念正面临巨大的挑战，也正在不断地被改变之中。

(98) 贤

在"贝"字属下的字系中，有一个字叫"贤"，《说文》解释它的意思是"多财"。以往在人们的印象里，偏向于把"贤"锁定在道德观念崇高的这个范围里。所以，在《说文》其它的版本里，都把"多财"改写成"多才"。

实际上，一个真正有才能的贤人，完全可以和"多财"挂钩。今天世界上的不少知名人士，或者大慈善家，都是多财之人。如果把过去中国古代比如诸葛亮这样的人，放在今天的时代，也必定可以成为多财的贤人。

当人类进入前所未有的数字时代，看得见的"贝"被难以摸清的数字所代替的时候，越来越多的"贤才"，必将承担把意识转化成物质的重任。人们对财富的追求，思想、观念和角度将变得与过去越来越不一样。

值得一提的是，"贤"和"肾"看起来很相似，它们的上半部分是一模一样的，只不过下半部分的部首不相同而已。"贤"出自"贝"；而"肾"出自"肉"。

作为人先天之本的"肾"，它的基因弱点是不够坚强。所以，如何从弱变强是人一生必学的功课。"贤"字和"肾"字如此地相似，乃是在提醒我们，如果人要成为一个多财的贤人，也必须养成不屈不挠的性格，经历千锤百炼的考验才能达成目标。

有关"肾"的详细解释，你可以进一步参看第 147 个字的内容。

(99) 實 / 实

现在，我们来看一个字，它包含了"贝"这一个字，但"贝"却不是其部首。这就是"实"字。

"實"的部首出自"宝字头"，意思是"深屋、覆盖"；在它的下面是个"贯"字，代表"贝"被串在一起了。

"實"的另外一个含义是指"果实、种子"。当一个人的家里积满了成串的"贝"，或一大堆的"果实、种子"时，上天当然不会叫你就摆在自己的家里守着不动，而是把祝福放出去与周围更多的人分享。

否则的话，你就看到"實（shí）"与"尸（shī）"这两个字的发音只有一声只差。要知道，若不是实实在在从地里所生发出的新生命，就会最后成"尸"，躺在那间被覆盖得不见天日的深屋里。

(100) 婴

"婴"字有两个意思，一是指婴儿，这是每个人都知道的事；二是照《说文》所言，是指古代妇女所用的"颈饰"，类似现代的项链。所以，它也可当作"围绕"的含义去理解。

"婴"的部首出自"女"，在它的上半部是两个并列的"贝"字，意思是指"颈项链"。意味着这是一件与钱财有关，牵连到双方争夺的事。

"颈项链"是女人颈上一种代表身份的装饰。如果它是用金子制作的，闪闪发光的亮度更加添其高贵的价值；颈喉是人体之中一个十分重要的部位，它一旦被卡住，人就有生命存亡之忧。

由此而来，我们就可以领悟到，"颈项链"系在妇女的颈上，这既是一件悦人眼目之事，但反过来又可以成为一种受到外来围绕攻击的诱因。不管是攻击妇女的人，还是被攻击的妇女，哪个会占上风，其中的主要因素都离不开对"贝"的争夺。

这一种双方为"贝"而争的状况，可以引伸到今天国际上你争我夺的国家身上。世界上哪一个人、民族或国家，不是因为与钱财有关的利益、资源而产生了矛盾和冲突，导致最后兵戎相见的？

这让我们进一步在悖论中认识了"贝"的真相。"贝"是好用、好看的，它在好人的手里是个好东西；在贪婪的眼里却成了大动干戈的导火线。而且，"以毒攻毒"的结果，就造成消耗的"贝"越多，要掠夺、补充的"贝"也越多，如此恶性循环如影随形。倘若有朝一日这种恶性循环得以消失，天下也就太平了。

(101) 玛

在《圣经》上，当提到钱财的时候，是以另外两个字取而代之的，那就是翻译本上所提到的"玛门"。

下面，我们就从汉字的角度来看看这两个字的内涵，说明不管是本土字，还是外来字，汉字都可以渗透其里面，为我们揭开其中的奥秘。

在古代，汉字的"玛"与"码"同字，同时也指着"玛瑙"而言。

"码"是一个与量词有关的字，及一个代表数目的符号。人做生意和买卖的时候，总是免不了要和"码"打交道的，这就把"码"，也就是将"玛"与钱财无法分割地，紧紧连在一起了。

而玛瑙是一种次玉，它有各式各样的色彩和不同的纹路，就像贝壳那样悦人眼目。可见，把"玛"所代表的玛瑙，与贝壳所代表的钱财连在一起，是异曲同工的事。

"玛门"的"玛"字，就如此简单而自然地与钱财连在一块了。看到汉字可以超越国界的魅力了吗？

(102) 门

旧时的人，常用"门当户对"这个成语，来形容结合在一起的男女，彼此之间家庭的社会地位和经济状况，大概都差不多。实际上，古时的人把门之中有双扇的叫"门"，而单扇的叫"户"，彼此之间是有所差别的。这一个"门"，就是"玛门"里面的"门"。

古时还定规，单扇的户使用在堂室之中，双扇的门使用于区域之内。这让我们进一步理解，门的使用范围要比户大多了，难怪我们把之与外来字连在一起，也可以行得通。

同时，"门"也可以像"玛"（码）一样当量词使用，例如一门大炮、二门技术、三门功课等等。

不管你的文化背景是来自东方，还是出自西方，在把"玛门"当作工具使用的过程中，原则都是一样的。让我们尽力突破中西文化之间的隔阂，使整个地球村洋溢着更加和谐、美好的气氛。

从第71字开始，我们用了不少的篇幅，为大家介绍了与钱财有关的汉字，其中最重要的一点，是指出应该站在中间的位置，根据实际的情形，对与钱财有关的字，作出客观、实事求是的判断、分析和解读。

9、生才之道

下面，我们跟大家讲几个跟"才"有关的字，它们都是从"提手旁"出来的。看看更新的生命是如何茁壮成长起来的。

(103) 找

"找"是"寻求"的意思。一个人要寻求生命的成长，首先必须看清楚前进的方向，明白自己要走的是一条什么样的路。"找"字与"早"同音，说明人早一天找到这一条路，就能早一天上路，意义非同小可。

在"找"的右边是个代表打仗的"戈"字，意味着人要走的路，是一条充满着各式各样的挑战的路。而且人所要面对的真正敌人，不是别人，乃是你自己。

因为，每个人都是带着不同的先天基因来到人间的，一生的功课就是如何改造不良的性格、性情和品德，使生命的品质得以进化升级，最后与上天的永恒生命合二为一。

明白了这一点，就不管往后的日子，会碰到什么样的磨练和考验，都是在意料中的事。因为，打仗和革命从来就不是什么请客吃饭的轻松事，何况要革的是自己的命，那就更难了。

(104) 摇

一旦人决定了走上改变本性的路，随着迈开的第一步，所要面对的是"摇"字。

"摇"的意思是"动"。在"摇"的右半边，上头是个与"爪"同字的部首——"⺥"，代表人性离不开要抓东西；而下面的"缶"是指肚子大嘴巴小、用以装酒的瓦器。这是指人性的第二个特点，一旦东西抓到手后，就很难再放出去，哪怕把自己的肚子给撑鼓了，也无所谓。

所以，"摇"就是要动到人的命根子，开始搅动你的脑洞，认识到人性既要抓、又不想给的两大特点。如果你要继续沿着十字架的道路走下去，那就非克服这两大障碍，解决这两大问题不可。

(105) 摆

在口语中，人们通常都把"摇摆"混在一起，以为它们的意思一个样。但是，《说文》可不这么看。

照《说文》的解释，"摆"是"撇开、摆脱"的意思。"摆"字的右边是个"罢"字，一目了然地告诉人们，"摆"的意思是："罢"了，给我走开，不要再来缠我。

如果进一步来看"罢"的话，可以发现它的上头是个"网"字，下面是个"去"字。这无非是在告诉我们一个真相：人都是因为被贪婪的"网"给罩住了，所以才身不由己的要"去"不能。

(106) 撺 / 择

"择"是选择的意思。如果说，前面的几个字还停留在思想认识的阶段，那么到了"择"的时候，就进入了必须付诸行动的转折点。

"撺"的右边是个"睪"字，它在古时与"皋"和"睾"同字，带有"高地"的意思。一个人站得高、看得远，他所作出的选择才能与其愿望和理想相配。

人作为万物之灵，上天所给予的自由选择的权利，是其它的受造之物所享受不到的。然而，他所要负的责任、义务和代价相对来说也是高的。所以，当人选择好要走什么路，并下了决心的时候，就是正式迈步上路的时刻了。

也许，在前进的过程中，还有不少错综复杂的反复和挣扎，但是正确的选择会带给人坚持到底的动力，直至到达终点之目的地。

(107) 探

一个走天路的人，最大的拦路虎就是对很多问题认识得太肤浅。因为，在人的潜意识中，有太多的东西人自以为知道，实际上并不真地知道。"探"就是为着解决这个问题而来的。

《说文》对"探"字的定义是"远取之也"，也就是要从深处去摸到一些东西的意思。

"探"字的右边是个"罙"（shēn）字，在古时与"深"同字。这告诉我们，当一个人要认识自己，或要认识任何一个人时，光是从外面、表面去看问题，常常是行不通的。只有在一而再、再而三地碰壁、失败之后，人才可能学习从深处去反省和思考问题。

"罙"的部首是来自"冖"，意思为覆盖。想一想，人的意识，有多少是被深深地覆盖在潜意识之下。凡事不要轻易地说，我"知道"了，"道"不是随便轻率就能"知"的。

(108) 换

当一个人能够深入地认识自己，并用自由意志去回应周围的环境，有效地行走在脱胎换骨的生命道路上，那么，"换"字就必然出来亮相。

据《说文》的解释，"换"是"易"，也就是"改变"的意思。"换"的右边是个"奂"字，它的意思是"盛、多"。这意味着，"换"对改变的要求是大而多的。

不难理解，当一个人能够深刻地自我反省，并有的放矢地改变自己的性格弱点，他所"换"来的结果肯定令人刮目相看。

所以，人光是在口头上知道了一大堆的道理是不顶用的。什么时候，君子动口不动手的"唤"，变成动手的"换"，那就真的一切都"易"了——五经之首的《易经》所要揭示的，不也就是此一"简易、不易和变易"之道吗？

(109) 据

据《说文》所言，"据"的意思是"杖持"，也就是人所依靠和信赖的凭据。不管你是否有着什么样的宗教或信仰的背景，人总得有一定的正确信念才能活得像个人。

当一个人在寻求改变自己本性的过程中，最后进入脱胎换骨、彻头彻尾"换"了的阶段，肯定他对自己所"杖持"的信仰或信念，就有了深刻认识的凭据。这就像在你的帐户上，老天爷已经为你放下了定金，如同吃了定心丸一样。

在第 78 个字的信息中，我们在谈到"质"字的含义时，已经对此一话题做了解释，你可以回过头去看一看。

由此一来，人走到这一步，基本上已经明确个人在这个世界上存活之目地。接下来要做的，是向着终极的目标，进入下面要讲的"拯"字。

(110) 拯

"拯"这个字是和"拯救"的意思连在一起的。它的本义是"向上举"。当人危难之际，向外发出救命的呼喊，特别是向天求救时，哪个不是不由自主地就把手举了起来？

所以，一方面这个"拯"字，首先是提醒我们，无论何时何地，当人碰到无法解决的难题，特别是面临生死存亡的关头，就开声向老天爷呼救吧。作为天地万物的主宰，只要祂把手一挥，还有什么解决不了的问题？

另一方面，"拯"字的右边是个"丞"字，指着"丞相"而言。

在古代，丞相是皇帝一人之下、万人之上的第二号人物。在圣经上，这"第二号人物"就是指着在圣父之下，万人之上的圣子耶稣而言。在"拯救"的这件事上，圣经记载天下人间，除祂之外没有赐下别的名，我们可以靠着得救。

一个真正认识神的人，当自我革命成功的时候，其成熟的生命也像"丞相"一样，可以在拯救失落灵魂的工作上，帮助周围的人完成自己的生命使命。

希望，你能脱离宗教的框框，去认识一个人在这个世界上活着的意义，去解读我们所讲的每一篇信息。

第三部分：病老死生

10、健康之谈

本书的第三部分主要是从生死观的角度，阐明与人生有着密切关系的病老死生的问题。一般来说，人们都习惯于说"生老病死"，把生放在起头，将死放在结尾。但是，我们却把"生老病死"的顺序做了一下调整，成为"病老死生"。

因为，人的老和生是必然的，但病和死却不一定会跟着你。也许，你听后觉得有点茫然，但事情确实如此。下面所要讲的，都与此一主题有关。从"健康之谈"开始，一一回答你心中想了解的问题。

(111) 健

现代人毫无疑问都把健康放在第一位。"没了健康的身体，什么都是假的"，几乎成了绝大多数人的座右铭。那么，这"健康"二字到底该怎么看呢？先让我们来看看"健"这一个字。

按《说文》所言，"健"的意思是"伉"。那"伉"又是什么意思呢？它的含义是"相当、对等"。我们常看到的"伉俪"二字，就是指着"相当、对等"的配偶而言。

"健"字的部首来自"单人旁"，在它的右边是个"建"字。这"建"字又是什么意思呢？《说文》指出是"立朝律也"。乍听起来不太好懂，《汉字大全》中相关的资料，指出它的含义是指一种从上引伸而下的律而言。

由此而来，我们就看到这一种从上而下的律，是和"健"本身所表达的"相当、对等"的观念连在一起的。换句话说，它与目前许多人都很在乎的，社会上的穷富差别有着密切的关系。

想不到吧？"健康"的问题怎么会跑到与穷富差别有关的"律"这里来了呢？其实再想一想就明白，现在全世界从东到西所有的国家，从上到下哪一个不在为着"全民健保"的问题伤脑筋？

令人感到意外的是，怎么在数千年前出现的汉字，就能用"千里眼"和"透视镜"，把当今人类碰到的最大难题，一清二楚地说出来呢？

(112) 康

我们接着继续看"康"字，你就会进一步明白"健"字所揭示的含义，并非空穴来风。

"康"是什么意思呢？《说文》指出，它是"谷皮"，也就是一般人所说的"粗糠"，那是一种人看不上眼的"废弃物"，过去的老百姓把之当燃料用，今天已经难得一见。

"康"的部首是从"广"而来，与住屋有关，并与"宽广"的含义相连；而"广"里面是个"隶"字，在古时与"逮"同字。也就是说，这是指着过去数量庞大，社会地位低贱的奴隶而言。

尽管人类今天已经迈向了人工智能时代，但就当前大体的状况而言，大部分的男男女女，还是像身不由己的"奴隶"一样，活在害怕死亡，饱受病痛摧残和威胁的恐慌和担忧之中。这就是"康"要为我们显明的事实：实际上现在不少人的心灵状况就像"糠皮"一样，一旦被各式各样的消极情绪"逮"住，就狼狈不堪。

"健康"的问题之所以会牵连到所谓的"律"，因为这是一个社会性的难题，它涉及到穷富差别、性格品质、人心向往等等许多的因素，从而成为一个十分棘手的难题。因此，从宏观的角度而言，如果人类不寻求彻底解决此社会问题的最终答案，要真正解决人类的健康问题，恐怕只是一个挂起来的悬念罢了。

整个外面的大环境如此，任何一个人想独善其身都是不可能的。唯有大家都着力于改变自己的观念，促使大环境的改变，才是从治标走向治本的长远之计。

至于个人的健康问题，那就要根据自己的实际情况作出合情合理的调整了。因此，你对于防病、治病、保健、养生等等的课题，都必须有一种客观、理性、平衡的了解，如此就可以从容、安稳、健康地去面对活着的每一天。

(113) 生

人有病叫"生"病；有了病就要看医"生"。你可以一清二楚得看到，在这里有一个两边通吃的字，那就是"生"。

由此，你可以发现"生"是一个与悖论挂上钩的字：一方面同病打成一片，当然不是什么好事；另一方面又跟救死扶伤的医生连在一起，当然不会是坏事。因此，我们就不得不认真探讨一下，这"生"字到底隐藏了什么奥秘在其中。

照《说文》所言，"生，进也，象草木生出土上"。它的意思是说，生是一个前进的过程，如同草木破土而出，茁壮成长一样。这当然是很好的一种光景啊，为什么它还会与病连在一起呢？

如果我们进一步来剖视"生"这一个字，可以发现它是由左上角的一"撇"（丿）和"主"字所合成的。这一"撇"带有"分开、离开"的意思。也就是说，我们可以简单地把"生"理解为，若人与"主"紧紧连在一起就叫"生"；反之若与"主"分开就会生病，甚至死亡。

想一想，一个患绝症的人，若吓得丧魂落魄、六神无"主"，还能活下去吗？这是不是一离开了"主"，一切"生"的希望就都完了？倘若人能力不济，无法做自己的"主"，那就求上天作"主"吧，新的"生"机也就来了。

(114) 癌

虽然人类的科学技术正以前所未有的速度，日新月异地向前发展，但癌症今天仍然成为令人谈虎色变的威胁。

如果我们来看一下"癌"字的话，可以发现它的里面包含了两个字——"品"和"山"。"品"的意思是代表"许多的人"，因为一个"口"代表一个人。现在有三个"口"重叠在一起，就相当于为数不少的人。

这实际上正是现在人们所面对的事实，有不少人都与癌打上了交道。一方面它让我们看到这是一种令人感到担心的消极因素；另一方面也帮助我们从正面的角度来思考，既然它已经成为一种常见病，那也就没有什么值得害怕的了，相信很快医学家就会像治疗伤风咳嗽一样，找到收拾它的方法。

况且，"癌"字与"爱"字同音，从把消极因素变成积极因素的角度来看，可以说"癌"是"爱"的催化剂。有的人已经发现或亲身经历，"爱"是治疗癌症的最好药物，如同圣经上所说的，喜乐的心乃是良药。

"品"同时也是一个与"等级、种类"挂钩的字。你可以一目了然地看到，"品"的上面是个大"口"，下面是两个小"口"，这些"口"都是用来比喻人的。若人的生命品质能上升到上面的层次，就是生命成熟的"大人"，得以把癌踩在下面；反之，就只能停留在下面"小人"的位置，任凭癌细胞踢来踢去地受折磨。

(115) 良

在"癌"字的里面，除了"品"之外，还有一个"山"字。从癌症的临床表现来看，患者的病灶常有坚硬的肿块存在，这就是"山"字所要表达的含义了。

在《易经》之中，有一个卦叫"艮"卦。"艮"是"山"的意思，如果你把这个"艮"字与癌连在一起思考的话，可以将其当作是"癌"里面的"山"。换句话说，你可以把这个"艮"字当恶性肿瘤——"癌"去理解。

然而，当我们在"艮"字的上面再加上一"点"（丶）的话，"艮"字就成了"良"字。换句话说，恶性肿瘤变成了良性肿瘤了。

为什么这一"点"（丶）那么厉害，一加进去就扭转了整个局面？因为，在汉字的部首中，它也算是一个部首，而且是一个十分重要的部首。这一"点"（丶）的发音和含义都是"主"，即"主人"、"主宰"中的"主"。

想一想，若一个患者听到自己得了癌症，就被癌吓得丧魂落魄，六神无主的时候，就已经自我宣告死神很快就要光临了。而一旦病人决定无论如何，就是要把"主"重新接回来，还有什么能阻挡生命之"主"除癌消灾的大能？

这一位"主"，就是你的自由意志决定提升自己的正能量，不甘心当病奴死鬼的正气。当然啰，如果你觉得自己中气不足，力不从心的话，那就求上天为你做"主"吧，所谓心诚则灵，因祸得福是常常挂在人们嘴边的口语。但是，你总得去试试经历它一下呀，看看是否真有这么一回事。

在人类进入智能时代的今天，"迷"是无知的代名词，"信"却是理性可以通得过，经历也应该摸得到的。

(116) 恶

在日常的生活之中，我们时不时地听到"恶"这个字。在人们的潜意识里，通常都喜欢把"恶"与"人"连在一起，所以首先就成了"恶人"。但是，当把"恶"和病连在一起的时候，少有人叫"恶病"，而是以病的"恶化"取而代之。

为什么？《说文》指出，"恶"的意思是"过"；而"过"的部首来自代表走路的"走之旁"。于是，我们明白了，原来所谓的"恶"是指一个变化的过程。

"恶"字的部首来自"心"，而"心"的上面是个"亚"字。《说文》指出"亚"的意思是"丑"。可见，心是在"过"的变化过程慢慢变"丑"的；而当"心"变得越来越丑的时候，病的恶化也就接踵而至了。

所以，治病先治"心"，使"丑"的心变成美丽可爱的心，恶化的病也即将随之挥手而退。

(117) 鍼／针

在中医的领域里，针灸是一个既古老又现代的项目。说古老是因为它在医典之作《黄帝内经》中，占了不少的篇幅；说现代是鉴于目前世界上的许多人都听说过"针灸"。下面就跟大家讲一下"针灸"这两个字，先讲"针"字。

不管是繁体字的"鍼"，还是简体字的"针"，它们的部首都是从"金"字而出。"针"的另一边是个"十"字，就像尖尖的针一样；而"鍼"的另一边是个"咸"字，带有彼此熟悉的含义。

在《易经》中有一个"咸"卦，讲的是男女之间谈情说爱的亲密关系。在针灸治疗的过程中，医生与病人之间建立"咸"，即彼此信任的关系是十分重要的。不少人都以为治疗的效果完全决定于医生的医术如何，其实却并非如此。

如果一个病人对医生的印象很好，给予完全的信任，实际上自己的病已经好了一大半。所以，病人与医生如何建立"咸"的关系，是达到双赢结果的关键因素。由"鍼"引伸出来的原则，可以举一反三地运用到其它许许多多的方面去，并不被限制在一根小小的针灸之针中。

(118) 灸

灸是中医针灸治疗中，使用艾草作为原料和工具，用以治疗慢性病的一种手段，特别是对所谓阳气不足的病人，有补气活血的作用，深受病人的喜爱。

"灸"字的部首出自"火"，它的上面是个"久"字。在古时"灸"与"久"同字。也就是说你可以从"久"的角度，来理解"灸"中的"火"如何运作。

《说文》还指出，"灸"是"灼"的意思。在"灼"中右边的"勺"字，它本身是一个容量单位。由此而来，我们就看到当病人在使用艾灸时，艾草的量要用多少，艾火要离开病人的身体有多远，艾灸的时间要多长，这些都是有分寸的。

值得一提的是，"灸"、"久"和"救"字，它们都是谐音字。这似乎是在暗示我们，当一个病人需要用到灸的疗法时，一般来说每次使用的时间，及每一个疗程都是相当久的；特别是对那些病入膏肓的病人来说，如果真想得救的话，必须要有一定的热心、诚心和耐心，否则一见不到速成的效果，半途而废就什么也得不到了。

实际上，人要医治精神层面的毛病，也离不开"灸"的原则。所以，"灸"一开始就提醒人，日久见人心，火久见实情。

(119) 經 / 经

在提到中医的针灸时，我们经常会听到"经络"两个字。在中医的理论上，经络是人体中的一个系统。一直以来，多少人想弄清楚所谓的"经络"到底是怎么一回事，但至今仍然是知其然，却说不出个所以然。

《说文》指出，"经"是"织"的意思。也就是说，"经络"就像用经线和纬线纺织而成的一个"网"。纺织时的经线是直而静；而纬线是横而动。同理，我们看到针灸所用的十二经都是不变地，沿着上下方向的"直线"走。

"經"字的另一边出自"巛"的部首，它在古时与"川"同字，代表经络的运行就像川流不息的水，在人体中日夜不停地进行着，不管你能看见与否。

据研究经络现象的医学专家所言，从人体断肢的部分，仍然可以探测到经络活动存在的迹象。这就说明，从灵魂存在的立场来看，经络系统可能就是人的灵魂在人体内、外之活动的彰显。由于它不是一个用科学家的眼睛能够看得到的世界，所以当然用科学的方式，无法捉摸到抽象的灵魂形影。

也许，当量子力学越来越快地把人类带进灵魂的领域时，针灸经络的神秘面纱，很快就会被揭开。那时，无痛针灸就像在皮肤上轻轻地抹一下"麻药"，立即就可以立竿见影地除疾消痛，多好！

(120) 络

照中医传统的说法，人体身上共有 365 个穴位，与一年的 365 天相对应。所以学针灸的人要熟悉这么多的穴位，实在不容易。但在实际的针灸操作中，有一种穴位是最好用的，取穴的方法也最简单，那就是所谓的"阿是穴"。

当医生把手指压在病人的痛处时，病人会不由自主"阿"的一声喊出来——没错，就是这里！那就是"阿是穴"的出处。

经络的"络"字，可以说与"阿是穴"的运用原理有关。因为，"络"的字义是"缠绕、束敷"的意思。当一个人受到外伤时，所要做的第一件事是洗干净伤口之后，敷上药，再用胶布或纱布把之固定妥当。这就是"络"字要表达的含义了。

所以，即使是对正统的"经穴"一窍不通的人，使用"阿是穴"也可以应付一时之急。这就是中医治疗需要明察标本的原因，即不能治标不治本，又必须"急则治其标"。此一原则同样可以灵活地运用在其它许许多多的领域，并不被限制在中医的治疗之中。

特别是，人之灵魂的改造工程，更离不开标本兼顾的原则。有的人就知道一辈子的正"经"行事，一碰到下针不灵的时候就一筹莫展；而有的人就只知道靠"阿是穴"过日子，结果在"络"上来来去去，最后还是"落"到"不正经"的偏路上。

可见，借着学习经络的知识，认识灵魂和身体互动的规律，从"中"看问题，是何等重要的一件事。

(121) 按

现在不少的人都喜欢上按摩，尤其是风行一时的脚底按摩，现在已经成为不少人愿意接受的医疗手段。所以我们来看一看"按摩"这两个字的内涵。

"按"这一个字，带有用手往下压的意思。它的右边是一个"安"字。"安"字的上头是代表"房屋"的"宝字头"，下面是个"女"字。这意味着，所谓的"安全感"，就像一个女子呆在屋子里一样，她首先必须有一个真实的存在感。

而这一种存在感，通常都是与压力带来的感觉连在一起的。做脚底按摩的人，一度曾经强调按压时病人觉得越痛效果越好。实际上，人必须有存在感才是问题的关键所在。

过去不少一生辛苦劳累的人，都巴不得快点到达退休的年龄。但是现在进入退休行列的人比比皆是，很多人才发现退休是件"苦差事"。因为退休之后的人，找不到自己的存在感，到底活着为什么，就成了一个轻飘飘的问号。这不正是离开了适当的压力，"安"的踏实感就找不到的明证吗？

多少喜欢到处旅游的人，当把全世界都跑遍了，才发现其实当个"空中飞人"并不能一直地乐下去。因为人一失去了"安"

的存在感，不管是什么样的经历，都不过是一片随风飘荡的浮云。

(122) 摩

"按"和"摩"合在一起，不是没有道理的。如果说，"按"是为了施加压力，让人有存在感而产生平安感的话；那么，"摩"就是反过来处理人在受压的过程中，所产生的一切"副作用"。

"摩"和"磨"在古时同为一个字，当被磨之物在与"石"接触的研磨过程中，最后必将除去表面的粗糙而变得圆滑，这就是"摩"的功效。

颇有意思的是，我们可以看到在"摩"字之中，含有一个变形的"麻"字，当你把之当"麻木"去理解的话，就会产生一个与悖论连在一起的疑问：一般而言，在按摩时对付皮肉麻木的症状，应该用加强压力的"按"法才对呀；怎么反而用不痛不痒的，与"摩"字同音的"摸"法呢？

这就是中医治疗中所一直强调的阴阳结合、软硬兼施之道的具体运用了。对一个人从头到尾一味、一概使用压力是无法彻底解决问题的；还必须有缓冲的时候，让压力得到适当的释放，才能最后解决存在感的问题，把人真正带到平安的境界。一紧一滑的互动之间，就把"痛"与"通"的问题给解决了。

从"按摩"这两个字中，你还可以揣摩到许多与人生连在一起的哲理，既可以使身体强壮，又可以让灵魂"升级"。

11、认疾识病

(123) 病

怎么样去认识"病"？汉字的"病"字，可以说是所有病的总纲。因为，这个"病"字的部首——"疒"，它的发音跟"病"完全一样。

如果把"疒"这一个部首再拆开来的话，可以发现它是由"广"和俗称的"两点水"组成的。

"广"是指病所涵盖的区域；"两点水"在古时与"冰"同字。所谓"冰冻三日，非一日之寒"，可见"病"的形成，有它的广度，也有它的深度，这是所有慢性病的特征。

在"病"的里面是个"丙"字，它与"病"字同音，几乎是所有慢性病的根源。因为，在中国计算年历的十天干中，排于第三位的"丙"属"火"。

所以，"丙"实际上是"病"的主角，不管它是来自火爆的"明火"；还是来自压抑的"阴火"，几乎是所有慢性病难以铲除的主根。

明白了这一点，你已经掌握到治疗一切慢性病的钥匙。难的是，人在江湖身不由己，敢于把心放下，立下雄心，痛下决心地迈出清火除病这一步，从精神的层面浴火重生并不容易。但想真正治根并脱胎换骨的人，总得试一试。

(124) 疾

我们常把"疾病"两个字合在一起用，当作是"病"的总称。但细分起来，这两个字还是有区别的。

在"疾"字的里面是个"矢"字，指"箭"而言。箭能伤人，但把之拔出之后伤口不久也就好了。所以，从这个角度来说，你可以把"疾"当成是急性病来理解，如果接下去病情加重了，那就进入慢性病的范围了。

在口语中我们常用"疾"来形容"快"，比如"疾走如飞"。当一个人生病的时候，没有一个不想赶快好起来。但如果你得的是"病"而不是"疾"，那么一味着急，反而容易让人心里"上火"，结果就事与愿违，欲速则不达了。

所以，明白"疾"与"病"之间的差别，对每个人都是有好处的。

(125) 疼

通常我们都习惯于把"疼"和"痛"合在一起用，称之为"疼痛"。但实际上它们是有所差别的。

"疼"字里面是个"冬"字，它也是一个部首。这个"冬"字指"冬天"，在时序上代表每一年的冬天季节，也就是《说文》所说的"四时尽也"的时候。

所以，不管人"疼"到什么样的地步，要想到现在是冬天的季节，挺过这一阵子，很快就是春暖花开的时候了。一旦人的精神面貌得到了改变，哪怕"疼"仍然停留在原地浮沉不定，但你也不会太在意，在不知不觉之中，疼痛的感觉就会逐渐减轻，以致消失。

当然，人也要明白冬天是寒冷的季节。如果你的体质是属于阳虚怕寒的，自然身体需要做好防寒保暖的照应，才不会使疼痛更加恶化。所以，必须平衡、理性、灵活地照着具体的情形作处理。心要放松，身要看紧，是防治疾病疼痛的不二法门。

(126) 痛

"痛"是"通"的谐音字，在中医的病理上，有"通则不痛"的说法。

"痛"字的里面是个"甬"字，它像草木之花蕾的形状，一目了然地告诉我们，"蕾"就像人生大道上的"节"，挡住了人们与健康同行的通路。你只要过了此一"节"，就心里不再痛，身体也不疼，一切都通了。

《说文》特别指出，"痛"就是"病"。前面我们已经说过，"病"几乎把所有带"病字壳"的字，都网罗在它的旗下。

"痛"和"病"紧密相连的事实，无非是要告诉我们治病疗伤，千变万化都用得着的"大法"：无论人得的是什么病，只要把患病的原因给找到，把致痛的死结给解开和打通，就什么问题都解决了。

(127) 急

在前面的信息中，我们已经谈到"疾"是与急性病连在一起的。由此，你现在一看到这个"急"字，就马上知道是怎么一回事了。"急"和"疾"是同音字，彼此之间的含义相通，这是它们的相同之处。

而它们的不同之处，在于彼此的部首不一样。"急"的部首出自"心"，所以不管你碰到的"急"事是否与病有关，只要一动"心"，反应马上就来了。在"急"字中最上面的部首是"刀"的意思，我们常用"心如刀割"的成语，由此看"急"就是这句成语的缩写。

而且，每当人碰到急性的内科病或外伤，一送到医院，常常就会与动"刀"的手术接上了。所以，人不要以自己先入为主的观念与自然的律较劲，该急该慢，都与一定的条件和环境相对应。学会客观、理性地看待和处理问题，比什么都重要。

也不必耿耿于怀地纠缠于看什么医生，用什么药才是所谓正确的选择。你的心越不在乎自己，就越容易"碰"出好的结果。种什么收什么是一个律，不管把它放到哪里都适用。

(128) 慢

"慢"字的部首是"心"的偏旁，俗称"竖心旁"。当你看到一个部首在一个字中，被放在"偏旁"的位置，首先要想到在这个偏旁部首的另一边，不管是个什么样的字，都可以和偏旁部首平起平坐，一点也不要忽略其存在的意义。

由此，我们看到"慢"的另一边是个"曼"字，它的部首是个"曰"字，可不要把它弄错成"日"字啊，前者中间的那一横留着个"缺口"；而后者没有。"曰"的意是"言"，孔子说的话叫"子曰"，《论语》中随处可见。

《说文》指出，"慢"的意思是：对天地没有敬畏之心；对人没有尊重之情，就会落在轻慢的"网罗"里。这就是"慢"的具体内涵。难怪，它会和"曼"字走在一起。一个嘴巴有了"缺口"，讲起话来无遮无盖的人，怎能做到不傲慢、不轻浮？

到此为止，你起码可以看到慢性病所牵连的，多多少少都与人生所要走的道路有关。如果人傲慢、轻慢之心不除，要慢性病不上身，只有一个繁体的"難"！

(129) 患

在日常的口语中，我们常提到"患病"。这一个"患"字，它的部首是从"心"而出，可见人会和病打上交道，第一个关口总是离不开"心"的扰乱。

"患"字的上半截是个"串"字，它的意思是把类似相同的东西贯穿在一起。《说文》指出，

"患"的意思是"忧"。这一个"忧"字的部首来自偏旁的

"心"，另外一边是个"尤"字。而"尤"有多种的含义，其中的一种是指"过失、罪过"。

如此一来，人在"忧"之中把所有担忧、害怕的情绪都聚到一块；甚至于把"过失、罪过"这类更消极的东西都"串"在一起，任何人要想不患病，办得到吗？

12、谈医论药

(130) 醫／医

繁体字的的部首来自"酉"，它的本义是指"酒"。《说文》指出"酉"的意思是"就"。那"就"又是什么意思呢？

《说文》对此作出如下的解释："就，高也。从京从尤。尤，异于凡也"。说这么多的意思，就是为了强调一点："酉"相当于"酒"，有提高人之阳气，不同平常的特点。

由此而来，我们就明白病人就医，或医生治病的最终目标，都离不开提升病人的正气，让之与平常的感觉不一样。所谓的"异于凡"，不是说病人现在成为一个"超人"了，而是指可以脱离平常病秧秧，精神萎靡不振的状态。

在"醫"字的上半截，我们看到有两个不同的部分：一个是成为简体字的"医"字，其部首出自"匚"。它在古时用以指盛放东西的方形器物，同时也是一个量词；"匚"里面是个"矢"字，也就是指着"箭"而言。

箭是古代的人用以克敌制胜的重要武器，现代医学所运用的对抗疗法，大体上就是类似于用"矢"，巴不得一发命中，马上就把敌人致于"死"（"矢"的谐音）地。随着人类进入智能时代，在高科技的百宝"匚"（fāng）里，有着越来越多的利"矢"。这就是我们目前看到的现实，高科技的发展并不照着人头脑中固有的蓝图展开。

另外一个是部首"殳"(shū)，它原来是指古代用于撞击的一种兵器，后来引伸为分解尸首的手段。若从现代医学的角度来看，它就相当于西医外科常用的开刀手术。颇有意思的是，这一个"殳"的部首，在简体字的"医"中也不见了。这是否意味随着人工智能的介入，今后直接在人体身上动刀的"撞击"，也会逐渐退出历史舞台呢？

不管时代前进的步伐怎么走，或人对中医和西医有什么差岐之见，相信"醫"中之"酉"，它代表病人及医生都在寻求之喜悦之气，使正气上升的基调是不会改变的。

英文字的"病"（disease）的意思是"不舒服"，让我们把"不"字去掉，成为一个心身都"舒服"的人。这才是人求医用药的价值和目标。

(131) 療／疗

"医疗"是人们在口语中经常会用到的两个字。上面我们已经谈了"医"，下面再来看看"疗"字。简体字的"疗"里面是个"了"字。"了"是了结的意思，一目了然地告诉我们，"病"已经给解决了，放心吧。

而繁体字的"療"里面是个"尞"，在古時与"燎"同字，它的部首出自"火"；而"尞"的字首来自"小"。如果你仔细观察一下，会发现"尞"的上面是个"大"字，当你把"大、小"与"火"连在一起的话，就可以悟解到"尞"乃是一个过程：从下往上望，它是要人把代表正气、阳气的"小火"挑旺升上去；从上往下看，它是要人把代表怒气、怨气的"大火"减弱降下来。

一旦病人完成了从"小"往"大"；或由"大"至"小"的调整，就进入简体字的"疗"，所有与病有关的问题都得到完全的了结。明白了这一点，才算抓住了治疗的要害。

(132) 俞

"俞"字的部首出自"人"，但它不是一般我们常见的，作为偏旁用的"单人旁"。由此，就带有必须刮目相看的味道在其中。

《说文》对"俞"字的解释是"空中木为舟也"，就是指古人挖空树木做船。"俞"在古代与"愈"同字，它的发音与"愉"相同，所以在含义上可以把之当"愉快"去理解。一个病人痊愈了，当然会愉快高兴起来。

同时，"俞"（shù）还与"腧"同字同音，它是指中医针灸所用的"穴道"。如果我们把人体上由"腧"所组成的经络系统，当成是船只所经过的"航道"去理解的话，就不难明白为什么"俞"字，会和"挖空树木做船"连在一起了。

一个落在水里，尤其是茫茫大海中之人，其命运和前途是不幸和难以推测的。如果你最终能获救被拉上"船"，岂不是"俞（愉）"得很吗？

(133) 愈

"愈"字的部首是出自"心"；"心"的上面是一个"俞"。"愈"和"俞"两个字的含义完全一样。那么，为什么我们还要再一次重提"愈"字呢？

这是因为"愈"的含义，除了与"俞"的含义大致相同之外，它还有一个特别的意思，那就是带有"越"的含义："愈加、愈甚、愈发"等等。

由此而来，"愈"字是在提醒我们，现在"心"已经被洁净了，所以病也好了，但千万不要走回头路，把一大堆的精神"垃圾"，又倒回"心"里面。

倘若这样做的话，那接下来"病"不但会复发，而且可能会变得越来恶化，甚至于比先前更加不可收拾。不信的话，你就再看看下一个字——"癒"。

(134) 癒

显而易见，这一个"癒"，与"愈"字之间的唯一差别，就是重新把"病服"——"疒"又给穿起来。如此一来，往后的光景就可能比原先更不好了。这也就是上面在说到"愈"字时所强调的问题。

一旦旧病复发，那么我们看到"瘉"字的部首，马上又回转到"疒"（bing 病）上去了。这就告诉我们，任何一个想享受健康乐趣的人，没有什么比保守人的"心"，不翻来覆去地受污染，来得更加重要了。这也是治病、防病至为关键的一个重要环节。

"俞"、"愈"、"瘉"这三个既彼此连接，又各不一样的字，它们所带来的启发颇有意思。汉字以其部首独特、灵活的配合和互动，为我们揭示了许许多多以前没有看到、想到的人生哲理。在人类的现实生活中，具有巨大的使用价值，值得我们下功夫进一步去研讨。

(135) 痊

当你看完了"俞"、"愈"、"瘉"这三个字的解释之后，再来看"痊"字，马上就有迎刃而解的感觉了。

通常我们都习惯于说"痊愈"，但是现在一看就知道，这是两个含义不一样的字，当它们混在一起的时候，是表明病人正处在从"痊"到"愈"的过程中，并不代表此时此刻病就完全好了。

因为，这时的"痊"还穿着"病服"——它的部首还落在"疒"之中。什么时候"痊"变成了"全"，那才算大功告成——"完全"了。

(136) 完

"全"是什么意思呢？《说文》指出"全"就是"完"；那"完"又是什么意思呢？《说文》接着说："完"就是"全"。至此，你就得明白，"完全"两个字已经重合在一起，似乎不必再查下去了。

如果我们再查一下它们的部首，"全"的部首出自"入"；"完"的部首来自"宀"，也就是与屋子有关。换句话说，从病人的角度来看，已经回家"入"屋了，彻底地"完"了——没有事！

因为，即使"全"还可以再穿上"病服"变成"痊"；但"完"字却任何时候都与"疒"走不到一块。在"完"的里面，是一个代表"源头"的"元"字，人一旦回到了健康的源头，还有什么病能够缠身？

为了让大家能够明白汉字的神奇奥秘，我们尽量为你做出详尽的解释。但话又说回来，希望你不要钻"牛角尖"，掉到文字游戏的陷阱里，并非知道得越多、越细就越好。否则变成"知"得越多，"癡"得越厉害，那可就真的"完"了。

(137) 樂

繁体字的"樂"有两种发音：一是 lè 和"快乐"连在一起；二是 yuè 和"乐器"连在一起。"樂"的部首出自于"木"，是因为乐器制作的原料常常跟"木"有关；或古代乐器演奏时的摆设布置也离不开"木"。

而"樂"字上面部分的"丝"及"白"，则象征在舞蹈场面出现的五光十色的悦目色彩和情调，这都是使用音乐来衬托"乐"的气氛。

在现代的生活中，文艺、娱乐、体育在人类活动中占了越来越大、越重的比例，这是人类社会随着物质生活的提高，在不断向精神世界迈进的过程中，越来越明显的趋向。

当然，没有质量的取乐于人的产品，会逐渐地被淡化或淘汰而退出人们的视野。但心灵之乐在未来人类的生活中，所扮演的举足轻重的角色，是无法被其它任何东西所代替的。

(138) 藥 / 药

繁体字的"藥"字，是在"樂"的上头戴了顶"草字头"的帽子。而且这一个"草字头"也是"藥"字的部首。

一般而言，在一个字之中，它的部首就相当于这个字的主角，对字义握着决定性的"发言权"。但也有例外的时候，比方这个"藥"字就是很好的例子。

不少喜欢用中药或天然草药的人，都强调说，从"草"而出的药比西药好，因为没有人工合成的化学药物的副作用。所以害怕长期服用西药的人，比比皆是。

然而，在"藥"字中，位于最上面的"草字头"，实际上只是"草"的偏旁部首，充当陪衬的角色，在它底下的整个"樂"字，才是"藥"字的灵魂。

由此而来，我们就要看到，不管是中药；还是西药，只要能带给病人"乐"的果效就是好药；反之，无论什么人以为最好的药，若不能调动、提升病人的"乐"，都不算真好。

圣经上的这句话"喜乐的心乃是良药"，为所谓的"良药"下了最佳的定义。一直以来，从似乎高高在上的秦始皇派人到海外，寻找长生不老药，到看似最底层的贩夫走卒，都盼望能得到某种除疾去痛的药物，或一个手到病除的秘方。

然而，一旦我们从这个"藥"的启示中认识到，最好的良药乃是隐藏在每个人心里的"樂"，既不必花钱去买，也不需费力去寻，为什么不试一试看一看？

况且，不少世上的所谓灵丹妙药，都是医德高尚，活在乐中的人福至心灵而得到的。人若本末倒置地一味寻求"草字头"的可见之物，并非明智之举。

再看看简体字的"药"字，在"草字头"之下是个"约"字。

《说文》指出"约"的含义是"缠束"，也就是"压束、约制"的意思。这里面的内涵并不难理解，在现代医学以对抗疗法为主导思想的前提下，包括西药在内的一切医疗手段，都离不开把"敌人"致于死地而后快的原则。

平心而论，只要能够达到为病人带来喜乐之目的，我们并不需要害怕服用西药，或担心它的副作用。当然，如果不管是什么原因，一旦在你的心里已经形成了一道抹不去的阴影，影响到"乐"的产生和流通，那是另当别论了。

"约"字的另外一边是个"勺"字，它带有"调和"的功能。也就是说，不管你是偏于喜欢用"草药"；还是习惯于用西药，站在中间"调和"的立场，平衡地看问题是必要的。

一方面既要在心里看到喜乐乃是最好的良药；另一方面又要从身上看到快速地除疾解疼，也是让人能够尽快达到乐的必要手段。那么，你就算真的摸到由"药"进入"乐"的门道了。

(139) 副

当人吃药的时候，时常要注意药，特别是西药的副作用。由此，我们来看一看，所谓的"副作用"到底是怎么一回事。

照《说文》的解释，"副，判也"，也就是"判断"的意思。它的部首从"立刀旁"而来，暗示说，作为审判官，是带着"刀"而来的，一点马马虎虎的味道也没有。所以，当一个人要判定、论断任何事的时候，必须时刻清醒地认识到，若不是持守敬畏谨慎的作风，小心有一天"刀"也会伤到自己的手。

我们还必须看到，"副"与"福"是同音字。两个字的差别只在前者的部首来自"刀"；而后者的部首来自"示"，这是一个与神明的开"示"连在一起的字。由此，如果你相信来自上天的最大祝福，是给人一颗无所畏惧的心，那么即使某些药物存在着一些副作用的话，也不必太过于介意。坦荡无亏的心，可以除去任何的副作用。

"副"还含有"第二"的意思。由此，就算它有一点的副作用，我们也不否认这些副作用的存在。但是，它必究是处于第二位的，病人没有必要为了避开其副作用，就连处于"第一"位置的药也不敢用了。

何况，身体对任何药通常都有一定的抗药性，药用久了副作用也就慢慢地消失了。不必整天抱着害怕的心态过日子，药物才能起到预期的效果。

因此，所谓的"副作用"就是说，你原来的想法，或判断都不见得是对的，以偏概全是人难以挽回的副作用。该注意的不要明知故犯，尽力而为之后就不必一直把"副作用"挂在心。

(140) 作

"作"的部首出自"单人旁"；在它的另一边是个"乍"字，它带有"忽然"的含义。《说文》指出"作"的意思是"起"，也就是形容一个人"忽然站立起来"的形象。

"起"字的部首来自"走"，它的旁边是个"己"字，所以可以这样理解，这是一个由躺而坐、从坐到立、接着能自己走的过程。

可见，不管你从事的是哪一行的工作，或充当"铁饭碗"的角色；或做临时工的差事，鼓足干劲、力争上游地"立"着做事并"活"着走路，是为人做事起码应该有的品质，也是去哪里都必须具备的工作作风。

可惜，这个与"乍"——"忽然"连在一起的"作"，也使不少人误以为突然而来的"快"才是好，结果走走停停难以坚持走到底，就会半途而废。

(141) 用

照《说文》所言，"用"的意思是"可施行"。那么，这"施行"二字又该如何理解呢？

"施"的意思是"给予"，与"施舍"的意思相同；而"行"是指人要走的道路。一个人要成为一个有"用"的人，最后跑不了要与"施行"这两个字碰头。

这并不意味着，你非要手中有了钱财，才能成为一个"施"的人。而是说，应该把自己所明白的"施"的道理，与"行"出来的实际行动，两者紧密地结合在一起。

每个人的性格、背景和实际环境的情形都是不一样的，所以"施行"不是一个有形的框框，要把人捆在任何一种先入为主的观念里。相反，它是一种无形的工具和手段，使人最后能得到真正的自由，把人从物质、钱财的捆绑中释放出来。

这也可以说是人类在精神进化的过程中，最后势必要面临和超越的一道难关。

(142) 预

当一些人得了绝症，或面临生死存亡关头的时候，人们常用到"预后"这两个字。"预"的意思当然离不开"预告、预测"；但它的本义通"豫"字，也就是与"安乐、喜乐"的意思连在一起。

在犹太拉比的观念中，他们对所谓"预言"的看法是这样的：如果预言的内容是吉利的，那么应验的可能性就很大，因为上天喜欢他的祝福临到接受预言的人；反之，如果预言的内容是不吉利的，那么预言就不见得会应验，因为上天喜欢人悔改，哪怕是罪恶滔天的人，如果悬崖勒马改过从善，那么上天的祝福也会临到这个人的身上，使得原先所发的预言就不算数了。

也许，我们也可以把此一原则运用到病人的"预后"一事上。不管你得的是什么病，以及到了什么危急的阶段，只要扪心自问并有错思改，以求良心坦然无惧之平安，其它的就都交出去了。

须知"预"与"豫"两字互通，倘若喜乐的心又活了起来，以前不吉的"预后"也可以转好，这才是解读预言的最佳方式。

(143) 後／后

繁体字的"後"的部首是"双人旁"，带有"行走"的含义。整一个字要表达的意思是，走路的人还幺（幼），不管是出自年纪的原因，还是源于心身体力的状况不佳，因此走得太慢而落在后面。

而简体字的"后"字的部首是出自"口"，《说文》指出"后"的意思是"继君体"，也就是指着皇后那一类，或可以与君王连成一体，或可以说得上话的人而言。

由此而来，我们也就明白了，俗语中有"后来居上"的说法，这不只是从排列顺序的角度而言，最重要的是从人的素质出发。而且，如果说顺序是与时间相连，而素质是与空间相连的话，我们就会看到：时间可以改变，同样质量也可以改变。

在对病人的"预后"一事上，我们同样也可以把"后来居上"当衡量的尺子用。不管医生对病人所发出的预后是吉是凶，剩下的日子是长是短，如果病人的心里看得开又放得下，就一定能够让好的预言锦上添花；使不好的预后逢凶化吉。

人不必盼望从天上掉下来一个神迹的馅饼，因为不惧怕死亡，不担心未来，本身就是一个神迹。没有什么"病毒"能够在这样的神迹面前站立得住，这才是永远都不会出错的"预后"。

13、五脏六腑

下面，我们讲一讲与人体的五脏六腑有关的字。

在人体中与五脏六腑有关的字——肺、心、肝、脾、肾、大肠、小肠、胆、胃、膀胱等等，除了"心"字之外，其它字的部首都是出自"肉（月字旁）"，所以我们就不再一一地提到它们的部首，而是直接了当地进入与之相对的另一边的字。

(144) 心

作为万物之灵的人，与其它的受造之物最大的不同，就在于人有看得见的身体部分，又有看不见的灵魂部分。

"心"字和其它与人体脏腑有关的字，既不一样又有相同之处。

不一样的地方是："心"字不是用"肉"做的；而其它与人体脏腑有关的字，如"肺、心、肝、脾、肾、肠、胆、胃、膀胱"等等，它们的部首都是出自"肉（月字旁）"。

相同的地方是，"心"的笔画为4；"月字旁"的"月"字，不多不少也是4画。

所以，从看得见的人体生理和病理的部分，医生可以在心脏上开刀动手术，与其它器官的手术没有什么区别；但是，从看不见的灵魂部分而言，就另当别论了。很可能，离体仍然会跳的"心"，就是人之灵魂的大本营。相信当科学越来越跟灵魂靠拢的时候，一切的真相将越来越清楚。

在汉字中所出现的"心"，大体上可以分为三种情形：大部分是当作"偏旁"（忄）用的"心"；小部分是四平八稳在下面正坐着的"心"，比方"恐"字中的"心"；而第三种是很特别的"心"，它隐藏于字的正中间。在所有的汉字中，只有三个字有如此的"心"，那就是"愛、慶、憂"。

实际上，孔子所说的"正心"，就是要人脱离"偏心"的状况；进入四平八稳正坐着的姿势；并且就算还落在"憂"之中，也要尽快争取进入"愛"和"慶"的位置。

而要达到如此"正心"的目标，就不能离开从"趾"开始，踏踏实实地一步一个脚印地走下去。什么时候人的心能够不受外面的干扰，稳步地走在欢庆的道路上，就算走上正路了。

(145) 肝

"肝"的右边是个"干"字，它带有诸多的含义，其中最主要的意思是"干犯"。当一个人受到"干犯"的时候，身体的自然反应是奋起"捍卫"自己。所以，捍卫就成了肝最为明显的生理功能。

一般而言，我们都把肝所扮演的举足轻重的角色，锁定在"排毒"这两个字上。它就像一个处理回收垃圾的超大型工厂，每天不辞劳苦地为我们全天候地处理"干犯"人体的有害物质。

在中医的理论中，有肝是"将军之官"的说法。在所有器官中，肝的再生功能是其它脏腑所望尘莫及的。这就像走象棋的时候，一声"将军"就是要对方之命的意思。但是，喊了多少次的"将军"，对方的"将"却可能都一直将不死。

然而，话又说回来，一个人如果得了肝病，就像活在一直被对方"将军"的危险状况之中，疲于对付起伏不定的病变。结果，势必影响、毁坏、甚至于断绝了肝细胞的再生功能，对身体所造成的损失将是不可估量的。

特别是，肝的疏泄功能是指它在掌控精神能量的运行。如果一个"将军"处于萎靡不振的精神状况之下，你想整个军事大局会好到哪里去？因此，如何在情绪、饮食、起居诸多方面多加注意，不要明知故犯地加重肝脏的负担，就成了维护人体健康一个十分重要的课题。

(146) 肺

"肺"字中的"市"字，顾名思义就像一个市场一样，人来人往川流不息，什么七零八落的东西最后都混杂在一起。

在中医的理论中，"肺主气"，是与秋天的"金"相对应的。也就是说，肺所掌控的气，不仅是对人体有益的"正气"，就像买卖的双方都可以在市场上得益；但也必须承担收市之后的烂摊子。那些积压在肺部或气管里面的"废气"和痰沫，就是市场留下来的"垃圾"，都必须清除干净。

由于"肺"所对应的秋天之"金"，它的特性是属"凉"的，所以犯有肺病的人，一进入秋天的季节，正是如鱼得水的治病好时机，可以达到事半功倍的效果。因此民间才有"冬吃萝卜夏吃姜"的说法。对于只知道使用对抗疗法的人，很难明白和体会改变疗法的妙处。利用天时、地利、人和，随时随地都可以促进转化的进行。

实际上，改变一个人的习性也一样，有时停留在原地踏步，不管怎么努力都难以看到效果。倘若改变一个环境试试，很快就看见不同的果效随之而至。

(147) 腎 / 肾

在中医的理论上，"肾"占有至关重要的一席之地。因为，它是一个人所谓的先天之本。

有人戏称说，就算是一个什么都不懂的江湖术士，如果打下脉后，就跟病人说："你肾虚"，那他都是绝对没有说错话。

其实，在地球上落脚的每一个人，都是先天不足的，不然你到世界上来报到，要补哪一门的课？

在繁体"腎"字的上面是个"臤"字，它的意思是"坚固"。这一个"臤"字的部首是来自"臣"，带有弯腰臣服的意思。所以，这是指出整个"腎"字的目标就是向"坚固"挺进，而不是说它现在已经够"硬"了。

要不然，怎么会有那么多的男人，需要用到"伟哥"为自己撑腰打气？

所以，人一生下来就先天不足，明摆着是一个不必争辩的事实。为着改变人先天不足的本性和弱点，我们才有了另外一句话，叫"先天不足，后天不补"。如果不补课，它的结果会怎么样？"坏"了——人生的考试不及格！

为什么现在有那么多人在强调所谓"正能量"的重要性？那是因为越来越多的人，已经意识到坚固的"硬"，才是人一生所要追求的生命目标。

不管你是否明白"先天不足"的人，其问题到底出在哪里，但只要听听一些还觉得不错的老年人，对自己的身体状况所下的评价："还过得去，挺硬实的"，就知道作为先天之本的"腎"，要"硬"得起来，才有继续活下去的本钱。

(148) 脾

相对于先天的"腎"，与之对应的是后天的"脾"。

"脾"的右边是个"卑"字。"卑"是卑微的意思。"脾"是与五行中的"地"相对应的。所谓天尊地卑，从《汉字大全》中所提供的资料，我们看到"卑"给人的印象都是"软"的，与"腎"所要求的"硬"恰恰相反。

"脾"字通"髀"，就是指"大腿"，它是人体外面的肌肉中最柔软的部分，这与"卑"的特性十分吻合。

由此我们就看到，所谓的"先天不足、后天不补"，其真实含义是指先天就存在着太软弱、站立不起来的缺陷；如果后天再继续"卑"下去，那就会雪上加霜，让问题变得更加严重。如此下来，什么时候才能翻转先天不足的性格和局面？

在日常的口语中，我们时不时用"脾气"来形容一些人不好的性格表现。而且在潜意识中，人倾向于把这种"脾气"与"怒气"混在一起。实际从阴阳五行的角度来看，怒气来自肝，属木；而脾属土，是被木所克的对象。当一个人发怒的时候，它的"脾气"早就被压下去了，还有什么"火气"发得出来？

所以，"脾气"是压抑在人里面敢怒不敢言的一种不正之气，它是与'脾土'之"卑"气连在一起的。它是所有慢性病的罪魁祸首。这就像长期压积在一起的垃圾堆，里面既积蓄着怨气的微热，外面又散发着隐约可闻的臭味。这就是"脾气"最恰当的写照。

在《易经》中，地是和厚德载物的"坤"卦连在一起的。我们佩服和欣赏"坤"，其在顺服之中还能表现出来的宽宏大度的心胸；但狭窄的"脾气"却与之永远不是同路人。

(149) 膽／胆

在人体的五脏六腑之中，胆是一个相当特别的器官。中医称之为"奇恒之腑"，也就是说，它与六腑中其它的几个腑不一样。因为别的腑的特点都是"传化物而不藏"，就是把自己里面的东西一点都不留地传出去，就算完成任务了。但是胆却反而行之，是"藏而不泻"。

《说文》指出"胆"是"连肝之腑"，也就是说你要了解胆，就必须把它与肝连在一起看才行。这就是所谓的"肝胆相照"了。

中医的《内经》又指出，胆是"中正之官，决断出焉"。它让人觉得听是听了，却摸不到里面的东西。

查一下繁体字的"膽"字，它的里面是个"詹"字；而简体字的"胆"里面是个"旦"字。

"詹"的意思指说起话来喋喋不休；而"旦"可以和清晨的"鸡鸣"连在一起。当我们把这两者连在一起思考的话，才悟解到胆所扮演的角色，原来是怎么一回事。

肝的特点是易怒，每当它动怒时，胆就出来，站在中间而且正确的立场，喋喋不休地加以劝解；或像鸡鸣一般地发出提醒的信号。目的都在于"藏而不泻"，把问题大而化小，小而化无，解决于无形之中。若不是有爱心、有胆量的人，谁能做到这一点？

到此为止，我们才明白，原来中医是从精神的层面，人格化地阐明医理或病理，难怪西医把整个胆都拿掉了，病人仍然生龙活虎地活着，叫人何以理解胆到底有什么用？

盼望今后中、西医彼此之间能找到一条客观、理性的交通途径，真正成为"肝胆相照"的好伙伴，造福于人类。

(150) 胃

在中医的脏腑学说里面，有一个脏与腑之间如何配搭的关系存在。比如说，肝与胆、心与小肠、脾与胃等等，一般而言，在这种称之为表里的关系中，"脏"是居于"里（内）"的主导地位；"腑"是处于"表（外）"的附属地位。

但是当我们进一步观察时，可以发现这样一个事实：虽然同样具有来自"肉"的部首，但大多数的"脏腑"的"肉"都是偏旁字（月字旁），只有两个例外，那就是"肾"与"胃"——它们的"肉"却都是堂堂正正被摆在字的下部而亮相。这里面到底隐藏了一些什么待解的奥秘？

它无非是在提醒我们，这两个器官特别重要，不要等闲视之才好。作为先天之本的"肾"，其重要性在前面已经讲过了；那

"胃"呢？它实际上是"喧宾夺主"，让"脾"成了"偏房"，而自己取而代之，占领了"正室"的位置。

"胃"字的上半截是个"田"字，《说文》指出是种稻"谷"的地方；而这"谷"字又让我们联想到又深又弯的山"谷"。不必作太多的解释，你就可以想象到"田"之宽广，"谷"之复杂。胃有"仓廪之官"之称，也就是"粮仓管理员"。难怪它和稻"谷"的交往密切，和弯"谷"的形状相似。

在实际的现实世界中，不管是医生还是病人，都不把"脾"当一回事；而排队等着看肠胃科医生的病人比比皆是。这说明，脾调补后天不足的任务，实际上是落在"胃"的身上。一个人只要心放宽能睡，胃口好能吃，还有什么正能量调升不起来？

这再一次表明，中医的不少理论都是从心灵的角度跟人讲"道理"的。未来的时代是中西医真正可以结合的时代，因为人越来越清楚地看到，意识和物质之间的密切关系和互动，就越懂得如何从"中"的角度来认识问题。

(151) 肠

人体的肠分大肠和小肠，而不管是大肠还是小肠，我们看到"肠"字的里面是个"易"字。这一个"易"字，有三层的含义：变易，交易、容易。

当食物进入了人体的肠道之后，经过小肠的吸收，把之变成营养成分，然后交给身体去使用；大肠把食物残渣变成粪便，最后交给肛门去处理。不管是小肠还是大肠，它们的工作目标都是朝着"容易"的方向去努力：营养要容易吸收；大便要容易排出。这就是变易，交易、容易的三大原则在肠里具体的落实，一点都不含糊。

站在人的精神层面来看，这三大原则也适用于提高一个人的正能量：改变自己的性格，把心放松、放开、放下"交"出去，"容易"就出来了。如此这般，自己的日子容易过，别人的日子容易过，连老天爷的日子也容易过，因为没有那么多人一直麻烦和拜托祂了。

(152) 便

人体大肠的功能在于排便，现在的人十分在乎每一天是否有大便。中国人为"排便"起了个别名叫"方便"，不但把学中文的老外弄得啼笑皆非，连中国人本身，恐怕也没有几个人能把这其中的道理给说清楚。

照《说文》的解释，"便"的意思是"安"，而不安的人就要"更"改，这就是由"单人旁"的部首，及"更"而合在一起的"便"字的内涵。

值得注意的是，"更"字的部首是出自"曰"，也就是与言语有关。所以，实际上"更"是在告诉我们，不少我们听到的话，必须通过人的大脑，仔细想一想才好。

其实"方便"的意思很简单，就是告诉我们"大便"应该是一件很"容易"的事：什么时候方便就让它来，什么时候不方便就暂时叫它等一等，方便的时候再来。

人养成按时大便的习惯固然好，但若把自然当必然，不分青红皂白地被大便的固定习惯所绑架，行动就不方便了。当人有了便意，而不方便马上大便的时候，大肠还不是照样为人辛苦地憋着，免得你随时随处出洋相？这是把"大便"和"方便"加在一起的"大方便"。

在"大肠"、"大便"的前面，之所以要加个"大"字，就是为了提醒我们，人必须"大大"地变易固执的性格，更改陈旧的观念，凡事学习扩大自己的心胸，从"中"的角度看问题，这样才能享受到老天爷带给人的自由、容易和方便。

(153) 膀

在人体的五脏六腑之中，最后的一个器官叫"膀胱"，它是由

"膀"和"胱"两个字合成的，就显得很特别。让我们先来看"膀"字。

"膀"是"旁"字的同音字。在我们所提过的人体内部的器官中，几乎所有的器官都位于人体的里面，唯有"膀胱"与它们不一样。虽然，膀胱从外面也是无法直接看得见的，但与之有直接联系的男人外生殖器，却"挂"在人体的外面，或把之理解为"旁边"也可以。从而就名正言顺地为"膀胱"争取到了一个合法的地位。

膀胱是与先天之本的肾而互成表里关系的；而先天之本又同人的生殖功能连在一起。从历代在皇帝身边弄权的太监身上，我们可以看到：他们的外生殖器虽硬不起来，但里面挟势弄权的霸气却硬得很。

这就告诉我们，一个人的所谓肾气强不强，硬不硬，主要不是对着人的身体的状况而言，而是针对人内在的精神状况来说的。明白了这一点，才算对先天之本的实质有了正确的认识。我们之所以一再强调肾气必须"硬"，也是针对人内在的精神气质必须坚强起来而言。

(154) 胱

接着再来看看"胱"字。它与"光"同音，照着我们在口语中的习惯，"光"可以当成只剩下一点点，直到最后彻底用"完"了、全然耗"光"了去理解。

在中医的理论中，"膀胱"是与"肾"互为表里关系的。而肾主先天，一个人的先天生命就快结束的时候，由肾的观测站——膀胱是最容易发现问题的。你不看到吗，现在有多少的老年人，都得了前列腺的毛病，小便不正常是最普遍的现象？

要不是现代医学介入，用通尿、洗肾的方法维持生命的存在，有些人早就离开了人世。这不正好说明，膀胱是一个监察人最后生命活力的最好观测站吗？或者更简单地说，不管是男是女，只要看小便正常与否，就知道其"后事"如何了。

一个人可以连续好几天不大便都没事，但如果硬憋着几个小时的小便试试看，会有什么结果？许多人都十分在意自己的大便通不通，却少有人留意小便是否正常。一旦人发现自己的小便真的不行，那大概也就"差不多"了。

另外，"光"也是光明的意思。当人类进入人工智能的时代，智慧之光必将普照大地。相信在未来的日子里，人的精神面貌如日东升，与健壮的身体相映成趣，那才是人类历史上名符其实的黄金时代。

14、七情六欲

在《黄帝内经》中，把医生分为上、中、下三类，并为之下了定义："上医治未病、中医治欲病、下医治已病"。

从中医注重精神胜于肉体的本质来看，"上医"所关注的是人心灵的问题，只要这部分不出问题，病就很难生出来；而"中医"治的是"欲"病，本来属于人正常的生理活动，一丧失平衡就进入了不正常的病区；"下医"要治的病，是已经超出"欲"的界限，进入了"慾"的范畴。

由此可见，七情六欲是一条牵连到各式各样之病的主根，我们下面为你作详细的剖析。

(155) 情

在中医的理论中，有所谓七情六欲的说法。七情是喜、怒、悲、思、恐、忧、惊；六欲是 视、闻、嗅、触、意、听。下面就为你一一地作下解释。

"情"字的部首出自"竖心旁"；另外一边是个"青"字。《说文》指出"青"是"东方色"。在中医的阴阳五行学说中，所谓的"东方色"是指从"木"而出的青色，它代表人性中天然的感情。

实际上，七情六欲对应着心、肝、肺、脾、肾五个脏，它们都是从人体的生理，而不是病理，去表达人出自天然的情感或正常物欲，并不存在着所谓好坏善恶的问题。

如果我们进一步把七情的喜、怒、悲、思、恐、忧、惊，再分门别类的话，可以看到它们依顺序，各自对应于心、肝、肺、脾、肾。这样，作为后先天之本的"肾"，就包揽了最后的"恐、忧、惊"三个字。

有了这样一个基本的概念，再深入探讨七情中的每一个字的含义，所有的难题都必将迎刃而解。

(156) 喜

"喜"的部首出自"口"，是七情的七个字中，唯一部首不是出自"心"的字。《说文》指出，"喜"的意思是"乐"，这就为"喜"定下了注定与正能量连在一起的基调。所以，"喜"与"心"相对应，正好应验了"喜乐的心乃是良药"的说法。

刻意从病理的角度给"喜"穿上含有贬义的"病服"是不合理性逻辑的。如果人刻意要为"喜"设立一个病案，比方说唐朝的"福将"程咬金就是笑死的，所以过喜不好，那也未免太牵强附会了。

看看现在有多少在等死的老残病人，巴不得能合法地让"安乐死"把自己送上路。若能无病无痛地快乐笑死而终，不知是多少人盼望能够得到的福气。

所以，快快乐乐地活着，轻轻松松地死去，正是人生活在地上最美好的一幅图画，为什么非用二分法把"喜乐"割开，让人生变得支离破碎呢？

(157) 怒

在中医的理论上，有肝是"将军之官"的说法；而七情中的"怒"，是对应着肝而言。所以，当我们讲到"怒"的时候，不要忘记把它与肝这位"将军"连在一起。

"怒"的部首是来自"心"，但要注意一点，这里的"心"可不是作为偏旁用的"竖心旁"，而是堂堂正正，就在正中下面坐着的"心"；而"心"的上面是个"奴"字，《说文》对它所下的定义是，"奴婢，皆古之罪人"。也就是说，"将军之官"所面对的男男女女，都是"罪人"，如此而看，肝的发怒并非没有道理，甚至于有点彰扬正气的味道在其中了。

作为一位将军，肯定是有其独特气质的。倘若他发的是义怒，乃是大快人心的事，也正是先天不足的肾一直在寻求补充的正"硬"之气。当然，从现代人喜欢看到怜悯之爱的角度来看，这位"将军"是否也应该学习发怒有时，消怒有时，那就是另外一回事了。

总之你可以看到，这完全是从人的生理功能去探讨的事，与从病理的角度去探讨肝的是非对错，有很大的不同。你可不要忘记，"怒"字下面的"心"，不是偏旁的"心"，而是正正直直的"心"。人要同"将军"一样的正派，才能见其所见，行其所行。

(158) 悲

照《说文》所言，"悲"的意思是"痛"。前面第 126 个字，已经解读了"痛"的内涵，你可以回过头去看一看。

五脏中的肺，是与七情中的"悲"相对应的。"悲"的部首出自"心"，在它的上面是个"非"字。《说文》解释说，"非"的意思是"违背"，它的形象就像飞鸟相背的双翅，十分生动。

痛的根源是跟"不通"连在一起的；而不通的原因，可以是因为人在路上受到了拦阻，就像绳子打了节一样。从"悲"的"非"中，我们又进一步地看到，在由不通而引发的"痛"的问题上，往往两者所走的路并不一样。背道而驰所带来的结果，比其它的不通之痛来得更悲哀。

在中医的经典之作《内经》上说了这么一句话："精气并于肺则悲"。这里所说的"精"是什么意思？《说文》解释说，"精"就是"择"，也就是说，我们必须把它与刚提及的"非"字连在一起看。

如果一个人选择"违背"道德标准的规范，或执意照着自己先入为主的观念而行，结局必定是悲的。俗语常说："不见棺材不落泪"。但有一些人就是见了棺材也不落泪，这才是"非"带来的最大悲哀。

(159) 思

"思"字的部首来自"心"，它的上面是个"田"字。"田"是种"谷"的地方，这是谁都知道的事。

照《说文》的解释，"思"是"容"的意思。这一个"容"字的部首，是带有"深屋、覆盖"之意的"宝字头"，它的下面是个"谷"字，相当于是一个储"谷"的粮仓。看看，"思"中的"田"一下子就与"容"中的"谷"，天衣无缝地结合在一起了。

作为七情之一的"思"，是与"脾"相对应的。在谈到第 150 个字"胃"的时候，我们说到实际上"胃"已经超越了"脾"的角色，成为名符其实的盛谷之粮仓。

作为一个容器，其重要的特点就是"肚量"要够大。与"婢"为伍的"脾"在没有改变习性之前，无法承担这个角色，所以才让"胃"取而代之。

值得一提的是，有一个字看起来很像"胃"字，它叫"胄"（zhòu），是指古代士兵的头盔；同时也用以指帝王或贵族的后代。这意味着，一个人的"胃气"很好的时候，就像骁勇善战的士兵，戴上有贵族气派的"胄"，这才是正常的表现。

诚然，人也应该看到"胄"的另一面，它与"咒"同音，是祝福还是咒诅，一转念之间就可能换了位置。

由此而来，我们才认识到"威威"的"胃"，和"卑卑"的"脾"，彼此成了阴阳相交的一对绝配，在取长补短的过程中，说不清谁强谁弱。这就是汉字中隐藏的最大奥秘。

(160) 恐

在七情之中，有三个字是与先天之本的"肾"连在一起的，那就是"恐、忧、惊"。由此我们就可以领悟到，有这么多的不正之气在包围着"肾"，叫人的先天之本怎么能硬得起来呢？

下面，就先谈"恐"字。

"恐"字的上面是个"巩"字；《说文》解释说，"巩"的本义是"用皮革捆东西"；《说文》又说"恐"的意思是"惧"；而"惧"中的"具"字，带有"准备"的含义。

由此一来，我们就可以思考，作为先天之本的"肾"，底气不足本来就是它的致命伤，所以凡事容易恐慌是无可避免的事。如果人对这一点早有心理准备的话，那就是求之不得的好事了。它像"用皮革捆东西"，不就让人的心扎实多了吗？

(161) 憂／忧

繁体字的"憂"的部首是出自"心"，但这个"心"是一个很特别的"心"：它既不像简体字的"忧"，用的是"竖心旁"的"心"；也不像"恐"字中的"心"，四平八稳地在下面正坐着；而是隐藏在"憂"字的正中间。

在所有的汉字中，只有三个字有如此的"心"，那就是"愛、慶、憂"。我们要讲的"憂"，恰好是其中的一个。"愛"和"慶"这两个字不必多讲你就知道了，它们是和正能量连在一起的。那"憂"要怎么看呢？

实际上，原来"憂"的人，心地都是善良的，所以其"心"才能处于中且正的位置。但是"憂"字的上头是个"百"字，暗示心身上受到百般的干扰，叫人无法看清周围人事物的真相，所以心就变得动荡不安，凡事容易产生过敏或过度的反应。

如果我们站在"憂"的中间位置往两边看：只要把不同的偏旁

部首"竖心旁（忄）"，或"单人旁（亻）"加进去，马上就看到字义完全相反的两个字——"懮"和"優"，它们都是与"憂"字挂钩的。

"懮"的原因是因为原来"憂"的人，心理就受到了五花八门的干扰，后来又和偏旁的"心"连在一起，更加重了忧郁的情绪；而当"单人旁"与"憂"联合时，只要你敢于面对挑战，不怕孤单，最后必定战胜自我而成了"優"秀的人。

盼望通过这三个与"憂"有关的字，能够帮助日益增多的忧郁症病人，找到全愈的方向和方法。

作为先天之本的"肾"，由不够"硬"而引发的"憂"，是一种基因性的障碍，但这不应该成为宿命论盘踞的理由。人可以奋发图强、勇往直前、利落彻底地翻转消极被动的局面，把负能量转化成为正能量。

总而言之，人的最后归宿，到底是成为各行各业优秀的佼佼者，还是整天忧心忡忡的忧郁症病人，那就看人如何用自己的自由意志做出选择，并且踏踏实实地付之以行动了。

(162) 驚／惊

繁体字的"驚"的部首来自"马"，在"马"的上面是个"敬"字。虽然后者与"惊"是同音字，但显然含义各不一样。

由于肾带有先天不足的特点，凡事容易惊慌是意料中的事。这就像人骑马一样，谁也无法预料，如果马一旦吃惊，会弄出什么样的事来。

但是，即使你骑在马上出了事故，无法控制的局面让你左右为难，也不要恐慌，一切都会被摆平的。因为，一位敬畏天地、尊重别人的"骑士"，必定是一个良心正直、为人谦卑、行事谨慎的人。哪怕发生了什么意外的事故，老天爷都会帮他一把的，令之临危不惧、冷静理性地去解决一切的问题。

反之，简体"惊"的部首来自"心"，右边是个同音的"京"字。它的本义是指"人工筑起的高土堆"。也就是说，人之心容易受惊，绝不是无缘无故的。它是与人平时好高骛远、自高自大的性格连在一起的。一个平时趾高气扬的人，一旦有事发生，必定丧魂落魄惊慌失措，往往是第一个逃之夭夭的人。

(163) 慾 / 欲

在繁体字中，本来就有"欲"和"慾"不同的两个字，只是简体字一出来，就把"慾"字给"消灭"罢了。

所谓的六欲，是指着与人体的五脏所对应的五窍——眼、耳、鼻、唇、舌，以及有"感觉"的视、听、闻、触、嗅、意等功能而言的。

"欲"字的部首出自"欠"；左边是个"谷"字。这表明，"欲"是一种自然、合理的欠缺，就像人饿的时候，就需要用"谷"来填饱肚子。然而，"慾"的部首却出自"心"，所谓人心不足蛇吞象，怎么样也填不满人心贪婪的无底洞。

值得注意的是，如果你想把大体上的五官与五觉一一对号入座的话，会发现它们彼此之间的对应关系太乱了，甚至于有点牛头不对马嘴的味道。比如说用鼻子的"闻"，怎么会既跑到"耳"里面去，又会与口臭的"嗅"连在一起呢？根本就无法找到一个令人满意的答案。

这时你就要明白，人世间的事物，并非简简单单对号入座，就可以看清楚真相或找到问题的答案。所以，我们既要看到正当的"需要"，与人心无止境的"想要"之间的差别；又要看到人的五脏和五官，七情六欲之间千丝万缕纵横交错的关系。这不是凭着一个什么固定的"公式"，就可以渗透万物的。

(164) 视

"视"的部首出自与神明有关的"示"，而另一边是个"见"

字。我们用"视而不见"的成语，来形容张开眼睛却看不见东西的人，这大概就是对"视"字最好的揭示。

人都以为自己是用眼睛在看东西，其实却并非全然如此。多少的时候人都是用脑在看东西。所以，如果在人的头脑里无法形成某一个概念，怎么跟你讲都不可能看见。

现在越来越多的人在网络中，都看到在谈论有关"第三只眼"的事，不管你相信与否，那都无非在阐明看不见的"示"，与看得到的"见"之间的关系。当人类越来越清楚地认识到意识和物质之间的密切联系时，许多以前不知道的事物，因着"天眼"被打开，马上就什么都看见了。

"眼"字的右边是个"艮"字，意思是"山"。你想，当一座山就挡在眼前的时候，人能看见什么？所以，挪去你头脑中那些由旧意识或观念形成的"山"是必要的，否则就像个眼睛睁得大大的"瞎子"，对前面的路什么都看不见。

(165) 聽 / 听

繁体字的"聽"的部首是从"耳"而出。"耳"是一个象形字，一看就象一只耳朵。如果你再观察一下，可以发现它就像一把断了一只腿的梯子。一想到它左右摇摆的情形，才顿时明白耳朵最大的特点是"不稳定"。相对于人来说，就是不成熟。

别看耳朵长在人的脸旁一直不移动，其实它是最不可靠的。所以，人们的口语才有"耳边风"；说人"耳轻"；这边耳入，那边耳出。这等等的说法，无一不是在表示耳的不稳定性。

"耳"与表示转折关系的"而"字同音，它把耳翻来覆去的性格，淋漓尽致地显明在人的日常生活之中。

"聽"字的右半边与"德"字的右半边相同，它的发音与"得"一样。所以，这乃是在暗示我们，人在"听"到声音的时候，必须从道德观念的角度去判定所"得"到的话，不宜随便行事。

《说文》还指出，"听，聆也"；"聆"字的右半边是个"令"字，也就是命令的意思。人听到话之后，愿不愿意从道德的角度，照着该遵守和执行的"令"去行，这就是发挥人的自由意志的功能的时候了。

(166) 闻

闻自然要用到鼻子，但在"闻"字中，我们看到里面竟然是个"耳"字。这到底该怎么看呢？

原来，古时"自"是"鼻"的本字，因此"鼻"就是"自己"的代名词。

中医上有"肾开窍于耳"的说法，说明人的先天与"自己"的关系当然最密切。因此"闻"字里面有"耳"，是因为与人先天的性格有关。所谓的"忠言逆耳"，就是指人先天性格的倾向都是固执的，该硬的正气硬不起来，不该硬的"脾气"却一直僵硬下去。

由此而来，我们看到一个人先天的性格，涉及到其理性和感性的层面，与这个人一生要学习的功课和要走的路，有着至关重要的关系。

"鼻"和"闭"乃是同音字，如果一个人把自己关闭起来，要想改变从先天带来的不良基因，谈何容易？

(167) 嗅

"嗅"字带有惹人讨厌的含义，因为它由"口"与"臭"合在一起而成。一个口臭的患者，走近任何人的身边，马上就会引起令人不快的厌恶感，这是每个人都有所体会的事。

《说文》明确地把"嗅"和"犬"连在一起。犬是所有的动物中鼻子最灵的，猎犬成了军人手中的好帮手。本来，改变不了吃粪习性的犬是惹人讨厌的，但是却以它独特的狗鼻子，居于受造之物嗅觉行列的冠军。可见，无论什么，都是可以从不同的层次去探讨，从不同的角度去观察的。

耳朵与鼻子的功能本来不一样，却在"闻"字中走到了一起；同理，口和鼻子的功能本来也不一样，却在"嗅"中合二为一。

这让我们看到，有不少的事物，不能从外面或表面去看问题。这也是要真正地认识一个汉字，必须从字义、字音、部首、笔画等诸多方面去探讨的原因。

(168) 触

在中医的理论上，有"肺主皮毛"，及"肺开窍于鼻"的说法，所以皮肤与鼻子可以形成对应的关系，是顺理成章的事。

"触"字的部首由"角"而来，旁边是个"虫"字。"角"是出自兽身上尖形的东西。

"虫"是贴地爬行的动物。这两者从"触觉"的角度来看，都是最适合用于表达人体的皮肤与"触觉"的关系。由此一来，我们就看到鼻子又把它的"触角"伸到皮肤这里来了。也就是说，同一个"鼻"可以和"闻、嗅、触"三种感觉连在一起。

中国人常说，人活着靠的就是一口气。这一口气是通过鼻子的出出入入而流通的。现代医学认为，人体皮肤上的毛孔就像数不清的微"鼻孔"，维持着身体健康的平衡。看来，古人把"鼻"当"己"看，是有道理的。

你想，繁体字的"鼻"笔划那么多，实在不好写，但简化的"手术刀"并没有动到它的身上。可见，人的这一个"己"，该留的要留，该改的要改。这也是对汉字的繁体字和简体字，我们都必须真正明白其内涵的原因。

下面我们要补充讲的是，从五脏与"五官"相对应的角度来看，"意"应该和脾搭配成一对。

在中医的理论里，"脾藏意，肾藏志"，两者合在一起就成了人们常说的"意志"。人之所以能成为万物之灵，就是因为唯独人有自由意志。

所以，尽管人先天的基因不够"强"；后天的性格又太"卑"，但是老天爷赐给人的自由意志，就是人独一无二的法宝，可以转弱为强，化卑为尊。

明于此，你就可以顿悟，无论是七情还是六欲，无非是让人发挥自由意志所用的练武"沙包"，使人得以成为一个生命成熟、战无不胜的勇士。

从此以后，记得不要把人体正常的生理当病理，不必耿耿于怀如何除去"不好"的七情六欲。只有成为长大成熟的人，才能享受到心身的自由。

15、养生之道

(169) 食

现代人都很注意饮食，你只要打开"饮食天地"，随时随地都可以看到大量的广告。

下面我们就讲一讲"食饮"这两个字。说"食饮"，听起来有点别扭，似乎没有谁这么说。但因为"食"是一个部首，而"饮"又是从"食"的部首而来，所以我们还是尊"食"为大，把它放在前面。

《说文》对"食"所下的定义其实很简单。它把我们每一天所吃的"饭"，也就是由米所煮出来的饭，就叫"食"。

"饭"字中的"反"，带有反反复复的意思。俗语所说的"饭不会吃死人"，就是接着"反"的含义而引伸出来的，但其却并非是一句不起眼的简单话。

看看今天的人，不管食什么东西都害怕中毒，几乎没有一个人吃得安心，就是因为现在的饭"反"得太厉害了，不像以前的"饭"，天天反反复复地吃，都一点没问题。

所以，"食"的问题已经不仅仅是从物质的层面，如何去抵制和防止"饭"中之毒的问题了，它应该被提高到更高的层次去思考。这就是下面要继续讲"饮"字时，所要带给人的启示。

(170) 饮

"饮"字中除了它的部首"食"之外，另一边是个"欠"字。"欠"的意思是"缺乏"。所以它是在暗示我们，除了吃看得见的饭之外，还有一个比"食"更重要的东西叫作"饮"，所以在口语中我们才会说"饮食",一清二楚地把"饮"放在"食"的前面。

那么,这"饮"到底是指什么东西呢,竟如此重要和厉害?

照《说文》的解释,它实际上是指人所喝的"酒"。《说文》对"酒"所下的定义是:"酒,就也,所以就人性的善恶"。它的意思是说,酒这个东西,它偏就于人性的善恶,很难说是好,还是不好。显然,这就和人的自由选择有关了。

在古代,酒经常是与古人祭拜神明的观念连在一起的,所以就更加重了"饮"之中,所包含的道德操行的味道。换句话说,古人所注重和强调的重点,是精神层面的意识,比物质层面的东西,更容易影响到人的衣食住行、方方面面的生计。

因此,如果你把"饮食"二字只放在物质的层面,理解为到底是可口可乐好喝,还是汉堡包好吃,那就离开汉字的原意太远了。

也许,你会觉得我们所谈的这一些,未免离开眼前的现实社会太远了。但是千万不要忘记,人类正迈向前所未有的一个时代,有太多人以为不现实的东西,正在逐步地成为摆在每一个面前的事实。"饮食"二字所牵连的,是一个与人类生存有关的律,马虎不得。

汉字会在这个骨节眼上,为我们揭开许多过去从来没有想到的奥秘,为的是让喜"饮"好"食"的人,得以从善去恶,走向光明美好的世界大同,这绝非偶然。

(171) 睡

在人的一生之中,睡眠的时间几乎占了三分之一。目前不少的人都面临睡眠不好的难题,必须靠安眠药才能度夜的人,比比皆是。所以,下面让我们来看看汉字对"睡眠"有什么见解。

也许，你从来没有想到，《说文》对"睡"所下的定义是"睡，坐寐也"，也就是坐着打瞌睡的意思。如此说来，没有一个人是睡不好的，因为不少人连"入睡"——坐着打瞌睡的机会都没有，怎么能算睡不好？

但是，话又得说回来。《说文》是很少随便说话的。既然它把话讲出来，必然有其道理，听的人就该好好想一想。

于是，我们看到"睡"字的部首出自"目"；而另一边是个"垂"字，它的意思是指"远边、边疆"。当一个很远的地方，远至于"边疆"的地步，显然是人的眼睛无法看得见的。

这就让我们看到了"坐着打瞌睡"的真正含义：一个处在"睡"中状态的人，无论你是张开眼，还是闭着眼，都是不可能看见"边疆"的，因为它离你太远了。

记住，这是一个十分重要的概念："睡"就是眼睛看不见东西；反过来，如果你还看到东西就不算"睡"。

(172) 眠

在《汉字大全》中，有一个叫"按拼音查找"的栏目，你可以借着它找到每一个字的同音字或谐音字。

所以，我们从中找到"眠"字有一个谐音字叫"丏"。"眠"的意思是卧在床上睡着；而"丏"的意思是"不见"。这与我们前面讲到的"睡"，意味着"不见"的含义彼此相通。

接下来，你又可以在另外一个字系，见到一个跟"丏"字十分相似的字，那就是"乞丐"的"丐"字。看看，"丏"与"丐"几乎就像一对双胞胎，一眼看过去，难以分辨。

这种情形看似巧合，其实却并非偶然。它们的出现就是为了告诉我们，许多人之所以会失眠，是因为落在看见与看不见的迷惑之中。

想一想，如果你家忽然走进来了一个乞丐，尽管接下来他就离开，算是不见了。但是，你的心能平静下来吗？不管你对之是抱着厌恶之心，还是可怜之情，在睡眠的时候，其就会成为挥之不去的阴影。如此，你怎能睡得香，眠得安呢？

人生在世，有多少的"乞丐"会出现在人的现实生活之中，如果你对这些见又不见的来往过客，一直耿耿于怀地放不下，心不安，那什么时候能睡个好觉？

让"不见"的"丐"把"丐"字给"盖"过去吧，你就不会失眠了。

要如此行，可能开始并不容易。这就像当"丐"和"丐"这两个字摆在眼前，要人一下子就说出它们之间的差别到底在哪里，还真不好说呢。就算你能从外表马上认出它们的不同，要从心里去体会和经历"不见"带来的好处，又是另外一回事。

但是，相信敢于用"不见"挑战失眠的人，经过一段时间的努力和经历，不管是坐着打瞌睡，还是卧着进入梦乡，人都能享受到看不见手机在充电，却享受它充电后"行了"所带来的喜乐。

(173) 运

运动是当今社会不管男女老少都很注重的一个养生项目。到底该怎么样去理解运动的内涵，让我们来看看汉字说了些什么。

《说文》指出，"运，移徙也"。它的意思是说，"运"牵连到两件事：一是"移"，它是指种稻之前必须先育苗，等到苗长大到茂密之时，就必须将其移载，也就是俗称的插秧。这告诉我们，"运"有个循序渐进的过程，开始离不开彼此挤在一起的相依为命。但接着继续成长，就要学习独立生活了。

二是"徙"，也就是要从低处往高处走，向着往上升的目标去努力。你不看到，每一届的奥运会都吸引了多少的眼球，就是这种"徙"的精神所带来的魅力吗？

运动只不过是人生的缩影。常听人说，观察一个人，重要的是看其在整个运动过程中的表现，而不是它的结果；但话又得说回来，一个始终胜不骄，败不馁的人，不可能其结果是一直升不上去的。

人可以不同别人比，但不能不跟自己比，看看"结果"自己改变了多少。

(174) 动

《说文》指出，"动"的意思是"作"；而"作"的意思是"起"。因为"作"字的右边是个"乍"字，带有突如其来的味道；所以"起"这一个由坐而立的动作，也带有快速的含义，与拖泥带水不沾边。

这就告诉我们，人运动最大的障碍就是三天打鱼，两天晒网。失去了恒心的坚持，必将一事无成。对付懒人最好的办法，就是让他经常处在"作"而"起"的状态中。

喜欢睡懒觉的人，若不是从心里立定马上起来的决心，就算是闹钟在身边一直响着，也不顶用。运动与其说是为了人的身体健康而设，不如说是从心灵的层面为人打气加油，使人的身体健康到一个地步，能获取更大的能量和更多的资源。

(175) 保

随着人们的物质生活越来越丰富，现在注重身体保养的人也越来越多。到底该怎么样去理解"保养"这两个字呢？下面就跟你谈一谈。

"保"的意思是"养"，正好把"保养"两个字都圈在一块。它的本义是指"背子于背"，也就是把孩子背在后面的意思。

"保"这个字的部首出自"单人旁"，它的右边是个"呆"字。"呆"的意思不必多加解释，"呆子、傻瓜"是经常走在一块的。但是，"呆"怎么会与"保"连在一起呢？这就让人费解了。

这里，我们用前面所讲的"按拼音查找"的方法，很快就找到"呆"的一个谐音字叫"代"，带有"代替"的含义。

由此一来，我们就可以想到，如果说"呆"背在后面的孩子，不是自己的孩子，而是"代"别人背的，通常人会怎么想——呆、傻会不会都出来呢？

实际上，《说文》是在提醒我们，保养的心态比任何实际操作的方法、方式重要多了。如果你能除去一己之私，肯把别人的孩子当成自己的去背，保养已经到家了。

(176) 养

《说文》指出，"养"的意思是"供"。"养"的部首是来自"丶丿"，它的意思是"分开"；而"供"字的右边是个"共"字。

两者合在一起的意思是告诉我们，这一种"供"的实质，并非等别人拿东西来给你；而是恰恰相反，要你把自己的东西分出去，成为和别人共享的供养资源。

这与前面所谈到的"保"是代别人背孩子，道理是一个样的。由此而来，你就可以看到整一个"保养"的主题，都离不开从心灵的层面来阐明它的内涵。这就是中医养生所一直强调的，养身先养心、心正身体好、气和身体强的道理。

现在的人都十分重视身体中的正能量，所谓的养生，要"养"的不外乎是人心的正气，以及人身的阳气。当我们紧紧地抓住这两面时，就相当于把打开健康之门的钥匙握在手中了。

16、孔子的一生

孔子对自己的一生做了如此的总结："十有五而至于学，三十而立，四十而不惑，五十而知天命，六十而顺耳，七十而随心所欲，不逾矩"。下面，我们就把这些话中主要的字，为大家一一解读。

(177) 学

"学"字的部首来自"子"，指出学习的主要对象是从孩子开始。古字的"学"的形状，就像一个人的双手在建造房屋。我们知道，任何建筑物的建造，都从打地基开始，根基打得坚实牢靠，学习的成绩必然水涨船高，一路上升。

孔子特别提出学习的阶段与数字 15 有所联系。在希伯来文的字母中，第 15 个字母是"帮助、支持"的意思，可以用它来理解孔子的话，为什么提到数字 15 会和学习连在一起。因为这正是人正式步入成年的阶段，最需要外来的帮助和支持。

其实，不管人处在什么学习阶段，只要愿意坚持，就是对自己一个最大的帮助。

学习不会是从天上掉下来个馅饼，正好砸中你的头，就有了好的成绩。虽然每个人有着不同的学习天份，但老天爷喜欢帮助奋发自强的人。

所以，阴历每个月的十五，月亮是最圆的。它似乎在告诉人们，这就是上天之律和人彼此互动的结果，没有什么神迹比人愿意用自己的自由意志，敢于回应老天爷对人的挑战，来得更大了。

(178) 立

"三十而立"，这句话听起来似乎是说，一个人到了这个年龄段，就可以有所作为了。然而，如果我们查一下这个"立"字的含义，就可以明白实际上并非是这么一回事。

《说文》指出，"立"的意思是"侸"；而"侸"的含义与占卜取兆推测吉凶有关。

换句话说，孔子所说的"三十而立"，很大的成分是指，他心里清楚地感受到了自己的使命感，知道接下去要做些什么。

从数字的角度来看，数字 30 所代表的含义也是与精神层面紧密地连接在一起的，更印证了他所讲的"立"，并非是指着物质层面的东西而言。否则的话，他后来一路走下去的坎坷遭遇，对一个事业已经有成的人来说，从常理上来看，是很难说得过去的。

有关数字三十的含义，你可以参看本书最后的部分，第 32 个单元有关数字的解释。

(179) 惑

孔子的"四十而不惑"，牵连到两个字。一个是"不"，一个是"惑"。为了解"不惑"是什么意思，我们先谈一下"惑"的含义，再从它的反面"不"来看问题，就一清二楚了。

"惑"字的部首出自"心"；而上面的"或"代表"有"，当一个人有了或多或少的选择，或患得患失的打算时，要叫自己的心安下来谈何容易。这正是迷惑难以排除的原因。

但是，不管你受到什么样的迷惑，只要心志坚定就能够从里面脱身。你不看见"惑"中之"或"，同时也给我们提供了另外一种成功的可能性吗？问题的关键所在，完全取决于人的心是怎么想的。

照孔子"四十而不惑"的话来思考，他在四十岁之前，仍然存在着受"惑"的问题，暗示从三十到四十这个阶段，孔子有一些问题是看不清楚的。这也进一步说明在三十岁之时他所"立"的，只是存在于自己头脑中的宏图，并非已经功成名就地显化在物质世界之中。

(180) 不

"不"在古文中与"否"同字，带有"不如此、不然"的含义。而这一个"不"字，它的部首是从"一"而出，自然离不开要与天地万物的主宰连在一起。

当"不"字当作形容词使用时，它与"丕"字相通，是"大"的意思。

这相当于说，孔子到了四十岁的时候，有一个大彻大悟的转折点。从数字40的含义来看，它里面隐藏着有关当初受造者的信息。具体的内容，你可以参看本书最后的部分，第32个单元有关数字的解释。

由于"不"的部首是从"一"而出的，所以人可能直接领受从上天而来的启示，或照犹太拉比们所说的，天使时不时地给他们传递了一些信息。由此，我们也就不难理解，这个从"一"出来的"不"字，在许多事中都扮演着举足轻重的角色。

(181) 命

到了五十岁，孔子就进入了"知天命"的阶段。你可以在第44个字的信息中，看到有关"知"字的解读；又可以从第27个字中，看到"天"字的解读。

下面，我们仅为你解释一下"命"字的内涵。

《说文》指出，"命"的意思是"使"，表示用口发布命令。如果我们把"使"和"命"合在一起的话，就成了"使命"。现在的人对"使命感"这几个字都不陌生。

孔子所说的"知天命"，就是指自己终于明确认识到自己的使命是什么。也许，进入了四十"不惑"的阶段之后，他的看见越来越清楚，直到进入了五十岁就彻底明白了。

数字 5 代表上天的恩典；而 50 = 5 x 10，代表更丰富的恩典，参看在本书最后部分的第 32 个单元，有关数字 5 的解释。你只要抓住数字 5 的含义，后面不管再加上多少个 0，都离不开数字 5 的内涵。此方法和原则同样可以用到其它的数字身上。

当一个人进入了"知天命"的阶段，明确而强烈的使命感自然会在他的里面，燃起不灭的烈火，鼓励自己并勉励他人，一起走上这一条益己利人的路。

"命"字同时也通"名"，所以我们看到，孔子成了儒家的奠基人及中国传统文化的一代宗师，这都绝不是偶然的，是他"知天命"的必然结果。

(182) 顺

"耳顺"是连在一起的。在前面第 165 个字的"听"中，我们已经对"耳"字作了解释，你可以回过头去看一看。下面讲的是"顺"字。

"顺"的本义是按着一个方向走。"顺"的部首来自"页"，在古时与"叶"同字；它的另一边是个"川"字，代表水向一个方向流的山川。当叶跟随河川之水顺流而下的时候，它还能逆流而上吗？

这正是孔子要表达的"耳顺"的含义了。为什么"耳顺"要与数字 60 连在一起呢？因为数字 6 是代表人的数字。从数学的角度来说，6 本身是一个完全数，没有什么比 6 更容易让人明白完全的特性了。而 60 = 6 x 10，相当于是从 6 延伸出来的完全的人。

当然，如果人要把"六十而耳顺"，当成是人老了就听得进逆耳的话去理解，也可以。但是想一想，年过 60 的人多的是，有几个是真的听了逆耳的话而觉得耳顺的？

倘若连孔子这样的圣人，也要操练至进入 60 岁的阶段才能觉悟到，向着一个方向走，不要再回头，才能进入"耳顺"之境界，何况其它的人，就能轻易地摸到自己要走的人生方向吗？

(183) 随

"随心所欲"这四个字的"心"，在解第 144 个字的时候已经讲过了；"欲"这个字也在第 163 个字中讲过了，你可以回过头去看一看。

下面，我们就讲"随"字。"随"的意思是"从"。虽然，"顺从"两个字我们经常合在一起用，但它们之间是有差别的。上面我们在谈到"顺"字时已经说到，向着一个方向走是顺的特点；而"随"的部首出自"邑"，它的意思是"土山"。山是双向的，人可以上山，也可以下山，这就是"从"和"顺"之间的差别，也就是"随"和"顺"的不同之处。

因此而来，我们就可以领悟到，"随心所欲"的意思并非指，一个人心里想要什么就可以得到什么；而是说，人在物质上欠缺什么自己心里是有数的，该要什么你尽管就要什么，但要懂得适可而止。

这就像该拿东西时就上山，而拿了东西就下山，自由自在、潇洒地过日子，既快乐享用物质带来的好处，又不被物质所捆绑，这就叫"随心所欲"。当你理解了"随心所欲"的含义，下来的"不逾矩"就迎刃而解。

(184) 逾

"逾"是"越过、经过、超越"的意思，所以"不逾矩"就是不越过规矩的意思。为了弄明白是什么规矩，我们需要进一步了解与"逾"字有关的一个节日。

在圣经的记载中，以色列人有一个节日叫逾越节，就像中国人的过年，那是庆祝以色列人出埃及的日子，从此浴火重生地迈向了一个崭新的人生。"逾"字正是含有如此的内涵。

当年以色列人出埃及过红海的时候，前有大海，后有追兵，面临九死一生的危境。但是他们最后还是凭信心回应上天，迎来了走干地过红海的神迹，最后把埃及法老的军队埋葬于红海之中。

我们在这里想强调的是，实际上逾越节是未来每一个要进入世界大同新时代的人，都必须经历并经过的节日。当人类的文明即将跨进一个崭新的时代之际，没有什么比看清前面的方向来得更重要。

"逾"不仅是一个迎新的关口，也是一条不断破旧的道路。愿走在这条道路上的人，最后都能够超越人类的极限，与超越时空的永恒接轨。

(185) 矩

"矩"是指工匠做工的工具。任何一个人不论要做什么样的工作，都离不开适当的工具才能完成任务。以色列人能够过红海所靠的工具，就是信心。

同理，孔子所说的"矩"也可用信心来理解。所谓的"不逾矩"就是不能超越自己的信心。

每个人的心理状况和性格、背景都不一样，所以"随心所欲"也是因人而异的。你无法要求一个人超越自己的信心，去做其心理根本无法认同的事。这就像叫一个正想方设法去抓东西的人，反倒要其抛弃手中已有的东西，一样不现实。所以，凡事不要越过该有的底线才行得通。

为什么"随心所欲，不越矩"这件事会与"七十"这个数字连在一起呢？照《说文》所言，"老，考也，七十曰老"。传统的中国文化把死了的父亲称之为"考"。在过去"人生七十古来稀"的年代，能活到"老"的人并不多。

一个人到了年迈近"考"的阶段，通常对物欲的要求都不强，相对来说就比较容易进入"随心所欲，不越矩"的境界。这是七十和"随心所欲，不越矩"结缘的原因。

但是，今天"古来稀"的老人比比皆是，而许多老人的"慾"望一点也不比年轻人淡。所以，我们就不能按孔子所说的时段，去照本宣科地理解。但是，他所提出的带原则性的养生之道，还是值得我们借鉴的。

17、死亡真相

在传统的中国文化中，对死人及死人复活这类话题的认识十分淡薄。难得的是，在汉字里面，却不乏与此一主题有关的字，值得人们去探讨。当人类进入数字时代的时候，随着科学界对人的灵魂、意识的研究越来越深化，相信人类对死人复活的认识，也必将超越以往的观念和界限，进入一个难以想象的领域。

(186) 死

一般来说，中国人通常都很忌讳提到"死"这个字，甚至于连"死"的谐音，比方说数字4也避免去碰。但是，当我们谈病说医时，最后总是要与人的生死问题挂钩的。所以下面就跟大家讲一讲，汉字对死的问题怎么看。

相信，一旦你对生死的真相有了正确的认识，就不管现在的健康状况如何，都可以坦然地去面对，这一每个人最后都要面对的终极课题。

首先，我们要知道"死"的部首出自"歹"，也就是"坏"的意思。不管是所谓的好人还是坏人，一般而言都是没有人喜欢死的。所以才有"好死不如赖活"的俗语，说明死的确是一件不好的"歹"事，人一想到怕，一见就惊。

但是，也许你从来没有想到，《说文》对"死"所下的定义是这样的："死，民之卒事也"。意思是说，这是与"卒"有关的事。

那么，这个"卒"字该怎么样去理解呢？这其中可就大有文章了。

(187) 卒

"卒"是指在古代的社会中，地位低微而经常受到奴役的"小兵、小卒"。古时这样的隶役，会穿上带有一点标记的"制服"，这标记就是我们经常在影视屏幕上所看到的，胸前或背后的那一个显眼的"卒"字。

那么，这一个"卒"字怎么会与"死"连在一起呢？难道说，只有这些"卒"才是该死的人？不是每个人对死最后都会分到一份吗？

事情的真相是这样的：《说文》所说的"死，民之卒事也"，乃是在告诉我们，一般的老百姓，就像这些被奴役的"卒"一样，都是死亡的奴隶，除非你能脱离"卒"的身份，才能从死亡中被释放出来。

换句话说，每一个人都可能是不死的，只要你知道怎么样脱离死亡的控制势力，不再当它的奴役，就彻底地得到不死的自由了。

(188) 猝

"猝"和"卒"是同一个字，它的发音与"促"相同。所以，"猝"是"仓促、急忙"的意思，也就是说，当一个人面临死亡的时候，常常是突然而来的，谁也说不准是什么时候要到阴间去报到。

值得一提的是，"猝"的部首来自"反犬旁（犭）"。它似乎在提醒我们，"卒"之所以会走上死亡之路，甚至于不明不白地突然就猝死，绝不是偶然的。

如果作为人，不好好地反省思过，除去自己的"犬"性，成为一个名符其实的"人"，那么，最后想脱离死的队伍，进入生的行列，恐怕是天理不容、人情也说不过去的事。

千万不要忘记，"死"的部首来自"歹"，只有把"歹"的心换新，把"黑"的手洗净，才可能与"死"绝缘。

在"死"字的里面，除了它的部首"歹"之外，还有另外的一半是个"匕"字，它带有"相反"的含义。也就是说，一旦人愿意走上与"死"对抗，寻求生的盼望，就要背道而驰地走上与过去不一样的道路：敢于对违背良心的想法和行为说"不"，才能彻底地脱离死亡的阴影。

(189) 尸

凡死的人，离不开要与尸体打上交道。所以，下面我们就来看看"尸"字。

对于这一个"尸"字，到底该怎么样去理解，《说文》再一次带给我们一个意想不到的定义："尸，神像也，象卧之形"。它的内在含义是说，所谓的"尸"，就像人依"几"而卧。"几"是指古人席地而坐时有靠背的家私，依几而卧就是指伏在桌子上休息。

这其中的"尸"包含了两层的含义：一是"尸体"相当于"身体"，所以在"尸"这个部首所属的字系中，有不少字都必须从"身体"的角度去探讨才解得通。

二是我们可把"尸"当作死人的尸体去理解。但如此解时必须明白，这是从灵魂不会灭亡的角度去理解的。《圣经》称人死为"睡了"，也是出自这样的观念。同时，还认定死了的人还会复活。

如此看来，《说文》把人的死去，当成是身体伏在桌子上休息。可见，对中国文化甚少提及的"死人复活"这一话题，在《说文》中反被描绘得更加淋漓尽致。

这一个向中国人隐藏了多少年的奥秘，如今随着人类即将迈进一个崭新的新时代而被揭开，是否意味着这是中国文化崛起的里程碑呢？

(190) 屍

繁体字的"屍"字，是由"尸"和"死"字合成的，其中"尸"是它的部首，而"死"是另外一个十分重要的组成部分。这说明"尸"和"死"看似一个样，但实际上是有所不同的。要不然，就不必画蛇添足地把它们绑在一块了。

《说文》对这一个"屍"字的解释是，"尸，终主也"。也就是说，双方都可以找到自己终极的"主"人了。

为什么这么说呢？因为"尸体"可以把之当成"中性"的身体去理解，不好也不坏，最后会归属于好的"主"，还是坏的"主"，仍然是一个悬挂着的未知数。

诚然有宗教信仰背景的人，就会把好的"主"与天上的神连起来，把坏的"主"与地狱的魔鬼挂上钩——这是不难理解的事。相信谁都盼望能找到一个好的"主"，最后有一个好的归宿；而没有人愿意与魔鬼为伍，在坏"主"的手中受无穷无尽之痛苦的折磨。

无论如何，出字部首"歹"的死人是坏的，肯定就没有好下场。不管你是怎么样去理解这个"主"的。中国人一直所相信的"善有善报，恶有恶报"，恐怕是《说文》对"屍"字的解释，一个直截了当的最佳注解。

(191) 永

当我们谈到"死"的时候，反过来就是"生"。什么叫作"生"？在解第 113 个字时，我们已经讲过"生"的含义。照《说文》所言，"生，进也，象草木生出土上"。它的意思是说，生是一个前进的过程，如同草木破土而出、茁壮成长一样。

下面，我们来看一个与"生"有着直接关系的字叫"永"。当把"永"和"生"合在一起的时候，就成了《圣经》上不断提到的"永生"。

"永"字的部首是来自"水"，当破土而出草木遇到水的时候，"活"下去是不成问题了。只要有水的供应，植物就会一直"生"下去，这是一个十分简单的道理。

但是，在"水"的上头再加一"点（丶）"，就成了"永"字，可以和"永生"挂钩，这就令人觉得不可思议了。到底，这其中隐藏了什么样的奥秘？

照《说文》的解释，这小小的一"点（丶）"从发音和含义都是指向"主"这个字。你可以将其当作是掌控天地万物之生命的主宰去理解，自然也就把"永生"这件事包括进去了。

然而，这个代表"主"的小小一"点（丶）"，又是从哪里来的呢？这时，我们就要来看下面的另外一个字了。

(192) 冰

不必查字典大家都知道，"水"和"冰"原是一家人，只不过出现的形状不同罢了：一个是液体，另一个是固体。

但你可以容易地发现，"冰"的部首不是源于"水"；而是出自"两点水（冫）"，在古时它与"冰"同字。

由此而来，我们就悟解到："水"是俗称的"三点水"，与"冰"的"两点水"，两者之间相差的那小小一"点（丶）"，不就是跑到"永"字的上头上去作"主"吗？难怪，"冰"、"水"、"永"这三个字有着如此不同寻常的密切联系。

不知你在网站上是否留意到：现在一些有"远见"的人，已经在为自己未来的"永生"做打算，交待把死后的尸体冷冻起来，等往后科学发达到可以叫人起死回生的地步，再让"冰尸"解冻重生。

由此而来，我们看到植物的生离不开水；人要得永生则离不开"主"，这些话并非只是在口头上说说而已。在未来的日子里，我们会看到所谓的"永生"，已经是摆在人类面的一个无法否认的事实。

汉字常常以它的神奇魅力，一"点"唤醒梦中人，令人惊叹不已。

(193) 準／准

《说文》指出，"水"的意思是"准"，也就是说它与认识事物的水准有关。

而"准"又是什么意思呢？这就牵连到你现在看到的两个字了：一个是繁体字的"準"；另一个是简体字的"准"。它们的意思一样，但部首却不一样。

"準"的部首来自"三点水"；"准"的部首来自"两点水"。我们不难明白，"三点水"的水呈液体状态；"两点水"的冰是水的固体形状。

因此而来，我们就看到不管认识任何的人事物，总离不开软的一面，就像流动的液态水；也离不开硬的一面，就像冰状的固态水。

我们可从水的软中，去体会人的感情和灵活性；可从冰的硬中，去领悟人的理智和原则性。软和硬两者缺一不可。通常，人们接触水比接触冰要多的多，所以感情用事的人比比皆是，而能够用冰冷的清晰头脑，去作理性思维的人却不多。

但是，任何一个要与永生接轨的人，却必须把"三点水"和"两点水"加在一起，成为"五点水"，从而得以把理性和感性，原则性和灵活性有机地结合在一起。

在《圣经》的数字系统中，数字 5 是代表上天给人类的恩赐，"五点水"和"永生"的"永"字都是 5 画，它们互相连在一起交相辉映。

(194) 履

在"尸"这个部首所管辖的字系中，有一个成员叫"履"。照《说文》的解释，"履"的意思是"足所依也"，也就是指脚所穿的"鞋"而言。

"履"的里面是个"復"字。《说文》解释说，"復"是"往来"的意思。"復"的部首出自"双人旁"，与人的走路有关。人穿鞋是为了走路；走路就必定和"往来"连在一起。因此，"再来一次"就是"履"这个字的主要内在含义。

但是，我们要看到整个"履"字的部首是"尸"。所以，当把尸体和"再来一次"连在一起理解的话，就不难看到，它实际上是指着人身体的复活而言。

在传统的中国文化中，对死人复活此一概念的认识十分淡薄。难得的是，在汉字里面，却不乏与此一主题有关的字，值得人们去探讨。当人类进入数字时代的时候，随着科学界对人的灵魂、意识的研究越来越深化，相信人类对死人复活的认识，也必将超越以往的观念和界限，进入一个难以想象的领域。

像脚上的鞋子一般，穿久了就再换一双。我们不能不深感佩服，中国人的先祖，怎么会在汉字中用这一个与"鞋"有关的"履"字，来描述数千年后，人类才关心、介意的"复活"呢？

(195) 屢

另外一个由"尸"之部首而出的字叫"屢"字，它是"不止一次"的意思。在"尸"的里面是一个"婁"字，它是"空"的意思。

颇有意思的是，在《圣经》中提到人类从死里复活不止一次；而且当最后一次的复活临到时，死亡和阴间都交出其中的人。从这个角度来说，岂不是一切和"生"挂不上钩，连不上线的都"空"了吗。

想不到，《说文》中的许多看见是如此的超前，让人深深感到在中国文化中所隐藏的奥秘，是何等的长阔高深。

当一个人面对死亡的时候，只有深刻地认识到人必将从死里复活的真相，才一方面得以脱离死亡的恐惧威胁；另一方面又明白并非人死如灯灭，所以有许多的"后事"，在人还活着的日子里，就应该了解清楚，并把之妥善处理好，免得到了终极之目的地，才后悔莫及。

(196) 己

在中国文化中，"人不为己，天诛地灭"这一句几乎家喻户晓的俗语，把所有听话的人分成了两边：一边的人觉得很受用，因为它是一块比皇帝的圣旨还好用的挡箭牌，每当人做了什么为己的亏心事时，用它来安抚动荡不宁的良心，比什么都顶用。

而另外一边的人，则总觉得心里怪怪的，怎么一直将伦理道德放在首位的中国文化，会让这句听起来明显不对的话，就像一匹"黑马"一样横冲直撞，流传了这么久呢？

下面，我们就为你揭开这个问题的答案。

在"人不为己，天诛地灭"这句话中，"己"是主角。人们之所以会误解这句话的含义，问题所在就是不明白"己"的真正含义。

照古人解释，这个"己"字和另外一个字，也就是"纪"字，乃是同一个字。换句话说，当你把"己"当成自己去理解而碰壁的时候，就得转过身来从"纪"的角度去探讨了。

"纪"是什么意思呢？照《说文》所言，"纪"是"别丝"的意思。那"别丝"又是什么意思呢？其中的"别"是"分解"或"离开"的意思；而"丝"呢？它是指细丝，就像一束头发，一端叫头，另一端叫绪，我们口语中的"头绪"就是由此而来。而中间的部分叫"丝绞"，顾名思义就是所有的细丝绞在一起，要把之分开并不容易。

"丝"和"死"及"尸"都是谐音字。这暗示我们，它们合在一起的结果，就是丝把尸给绞得死死的，再也没有解得开的头绪。所以，简而言之一句话，"别丝"就是"别死"的谐音，它叫人要与死亡分开，否则死了就叫"天诛地灭"！

(197) 诛

关于"天诛地灭"这四个字中的"天"字，你可以回头看对第27个字的解读。

"诛"是"谴责、声讨"的意思。

"诛"中有个"朱"字，在古代是指皇帝或朝廷命官在文件上，批字或盖章所用的正红色，代表来自上面不可否认的权威性。

当它与"天"连在一起的时候，无疑其权威性就更加不可质疑了。如果老天爷定意要收拾一个人，这个人毫无疑问是死定了。

《说文》指出"诛"的意思是"讨"。"讨"的里面有一个"寸"字，也就是说，人会被天所诛，不会是无缘无故的。因为在地上掌权的官办事都有尺寸，何况掌管恢恢天网的老天爷，岂不更加明察秋毫？

"讨"字与"逃"字是谐音字，更增加了"讨"的力度，倘若"诛"的命令一下，不论要往哪里逃，都是逃不了的。

(198) 地

"地"的字义是指我们所在的"大地"。它经常也作为一个虚词使用,与"的"字有大同小异之处。它们的发音彼此相似,不熟悉语法的人常常会弄不清到底该用哪一个字。

"地"的部首来自"土";而"的"的部首来自"白",你可以把之当"空白"去理解。这两个字在"目的地"里碰了头,暗藏着人在地球上要去之任何"目的地",实际上都是"空"的奥秘。

因为,这"地"有一天必定也会过去。"地"字中有一个"也"字,它是指着"蛇"一类的动物,总会有消失的一天,"地"也就不存在了。具体的信息,你可以参看第 243 个字有关"也"字的内容。

(199) 滅 / 灭

《说文》指出,"灭"的意思是"尽"。所以,"地灭"就是地尽而消亡的意思。我们前面已经提过,地总有一天会变成一片空白。那么,地是怎样被消灭的呢?

繁体字"滅"的部首是出自"水";简体字的"灭"的部首是出自"火"。在水火夹攻之下,地最后的消失也就不是什么难以理解的事了。这与圣经里最后的描述,"先前的天地都不见了"不谋而合。

如果未来连地球都消失了,那么,现今住在地球上的人类或其后裔,还可能存在吗?如果从人的肉体的角度来思考,当然一个也不能存在。但是,如果从人死后还会从死里复活的立场来看问题,那就完全不一样了。

因为,虽然最后人类无法改变"天诛地灭"的局面,但却可以在"天诛地灭"之前,就选择"别死",让自己的生命不断地"升级",脱离"天诛地灭"的厄运。

如此，我们就要回过头来，讲一讲"人不为己"中的"为"字了。

(200) 為 / 为

"为"这一个字有多层的含义，结合"人不为己，天诛地灭"这句话去思考，其最主要的意思是人活着的时候，就必须为着"别死"这件事做好一切的准备，有所作"为"。

我们到底该怎么做？

简体字的"为"，它的部首来自一"点（丶）"。我们已经多次说过，这一"点"（丶）的意思就是"主"，即"主宰"、"主人"、"自主"等等中的"主"。基督徒对耶稣的称呼，就是一个简单明了的"主"而已。所以，当务之急就是人不能没有"主"，有了"主"成为人依靠的主心骨，就不管碰到什么样的难题都可以摆平。

另一方面，繁体字的"為"之部首来自"四点火"，它为人指出一条脱胎换骨、浴火重生的道路。在本书的第 20 个单元中，特地为你挑选了一些与"四点火"有关的汉字，你可以仔细地看一看，有助于为未来预备好自己的生命出路。

希望借着对"人不为己，天诛地灭"这句话的正确解读，使你能进一步认识人类终极的目标，离不开死里复活这个主题。往后再碰到"人不为己，天诛地灭"这句话，马上就要想到它的代名词——"别死"！并且把这个信息传给所有愿意和盼望"别死"的人。

第四部分：放眼世界

18、植物世界

(201) 草

在植物之中，草是每一个人都十分熟悉的。在汉字里面，以"草字头"为部首的字不在少数。

通常，我们把植物界的树木、庄稼和蔬菜除外的植物叫之为"草"，它具有茎干柔软的特点。"草"的下面是个"早"字，代表早晨。早晨破晓而出的阳光是柔和的，这与"草"柔和的特点恰好不谋而合。

在人的眼里，草是不起眼的卑贱之植物，长在路边小道处，随随便便任人践踏。但是，家喻户晓的诗句说："野火烧不尽，春风吹又生"，那还不是因为有无穷生命力的"草"，在里面为野火垫底，最后才能成为燎原的壮火吗？

(202) 花

不管是高高大大的树木开的花，还是微不足道的小草开的花，它们都是来自同样一个写法的"花"字。

"花"的下面是个"化"字，它是"变化"的意思。在中国文化的阴阳学说中，来自阳的叫作"变"；出自阴的称为"化"。所以变化是阴阳相交的互动；"花"是变化之后产生的现象。

没有什么比五彩斑斓、百花齐放的景象，更能让人体会到变化之律的神奇和奥秘。由于"化"是与象征物质的阴连在一起的，所以我们可以看到科学之中的化学，时刻都离不开千变万化。

科学家们为了摸到其中变化的规律，不知花了多少人毕生的心血，至今他们仍呕心沥血地奋战在科学的前沿阵地中。

在医学的领域，化疗至今仍然是对抗癌症的一种常用手段。可以预见，随着人类进入了人工智能时代，在化学的领域里必将绽放出越来越辉煌明亮的花朵。

(203) 菜

"蔬"菜是人们日常生活中离不开的食物。它的部首也是出自"草"，但是菜与草的作用却完全不一样。简而言之，草是牛羊之类动物口中的食物；而菜却是人的养生之物。

"菜"的下面是个"采"字，它的意思是"辨别"。并不是所有的菜都可以吃，因为有的菜可能有毒。就算是没有毒，从中医的角度来看，菜的属性有的偏于温热；有的偏于寒凉，并非所有人寒热的体质都一样，所以也不可能每个人都可以吃一样的蔬菜。为此在食用蔬菜的时候必须有所分别，具备起码的辨别知识。可喜的是，现在网上有关如何辨别食物的资料多的是，只要你愿意学习，随时垂手可得。

值得一提的是，"蔬"字和"菜"字经常走在一起。"蔬"中的"疏"字带有"疏通"的含义，所以经常吃蔬菜可以帮助通便，这是现在许多人都明白的道理，汉字早就为此做了背书。

(204) 韭

韭菜是中国人都不陌生的蔬菜。令人感到有点意外的是，"韭"字并不出自"草字头"，而是自成为一个单独的部首。

"韭"字和"久"字是同音字。种韭菜的人都知道，把它割了，很快又会长出来。韭菜可以一年接一年地长久活下去，难怪它会和"久"同音。

如果我们剖视一下"韭"字的话，可以发现它的上面是个

"非"字，下面是个"一"字。这似乎在暗示我们，在人性中，有一个叫作"非"的东西，——也可以当作是"不对"的代名词，"一"直在跟随着人。它就像韭菜一样，哪怕今天把之割个光净，但只要根不除，不久之后它又会顽强地长出来。

由此，我们才明白，为什么俗语常说，"江山易改本性难移"。要改变一个人本性，就像要挖掉韭菜的根。如果你不想挖，甚至于一直想享受韭菜带来的美味，什么时候它才会断根呢？要把"久"菜割"短"并不算太难；但要"断"尽它的根，可就要下决心，费力气了。

(205) 竹

在汉字中，"竹"本身是一个独立的部首，它既不同于"草"，又与"木"不一样。

在自然界中，竹子是一种很特别的植物。它既是笔直的，又是弯屈的；既是空心的，又是有节的。竹子从里面的水，到外面的皮，都几乎可以被派上用场。

竹子是一种生命力十分顽强的植物，竹竿枯死后地下的根茎仍然没死，经过一段时候后又长出新的竹子来。

竹子从地里面长出来的部分叫"竹笋"，《说文》称之为"竹胎"。"笋"之中是个"旬"字。我们把"十天"称之为一"旬"，所以竹胎与十天为"旬"的关系，跟女人的十月怀胎恰好遥相呼应。

无论从哪个角度，你都可以看到竹子和人之间的密切关系。换句话说，你只要好好地探讨一下竹子的生长特点和成长规律，就可以深刻地认识人的生理特点，及老天爷为每个人量身定做的生命历程。

(206) 瓜

瓜是蔓藤类植物的果实，是人们日常生活中常见的食物。瓜的形状特征通常来说，不管整体上是圆形的还是长形的，它的外表都是相当圆滑的，手指无法直接插进去。

"瓜"是汉字中的一个部首。如果对比一下"爪"字，它也是汉字的一个部首，而且形状与"瓜"字大同小异。

"爪"字中间的一画是直的，连同旁边的两画，给人第一眼的感觉，就像老鹰抓小鸡一样，从空中直扑而下，叫小鸡要逃也找不到地方。

而"瓜"就不一样了。它的中间一画在末端拐了个弯，就像把"爪"给藏起来了一样，面对圆溜溜的瓜面，"爪"也就无从下手了。

由此，我们也就明白了，瓜之所以能成为人口中的食物，是因为不会伤害到人的口，所以说话圆滑的人常讨人欢喜；而像"爪"一样锐利厉害的话，哪怕是句句又正又直，一旦出口伤了人，后悔想收回来也没办法。

难怪圣经上有话说，一句话说得合宜，就如金苹果放在银网子里，叫人要拒绝都难。

(207) 麻

麻就是通常人们所说的大麻，它有麻醉神经的作用，医疗上常把之用在止痛上。现在有越来越多的人在使用它，甚至于用到忧郁症病人的治疗上。

《说文》把大麻叫"枲"（xǐ，音同"喜"），实际上是指是大麻的雄株而言，它是不开花的；能开花并结果的雌株大麻叫"苴"（jū，音同"拘"）。

"枲"里面有个"呆"字，和麻木不仁的意思相通；而"苴"里面的"且"字的意思是"差不多"。所以不管是雄的大麻还是雌的大麻，人一旦与其打上了交道，并且上了瘾，那差不多就成了一个"呆子"。一个人若喜欢这样呆呆地被大麻逮住，拘留着活了一辈子，还有什么意义？

(208) 森

"木"是汉字的一个部首，在它底下的汉字，共有近 3000 个字。这些字大体上可以用分为三种形式，就像"森"字所表达的，一字之中有三个"木"。

第一种是以偏旁的角色站立于字的左边，这种带着"偏旁木"的字，在近三千个与"木"有关的字中，占了很大的比例。如果说，人就像树木一样，那么大多数的人就像"偏旁木"一般，做人多多少少都是走"偏"的。

第二种是位于字的下半部，不歪不斜地站立在字的正中间。它们的数目比第二种要少得多。类似这种树木的人，在我们的周围都可以看得到，只是什么地方多或什么时候少，那就不尽相同了。

第三种是位于字的上半部，不歪不斜地站立在字的正中间。它们的数目比第二种还要少，就人而论，可以算是三种人中的"精英"分子。

(209) 李

"李"是在"木"字的字系中，以第三种形式所出现的第一个字。它位于字的上半部，不歪不斜地站立在字的正中间，

《说文》指出，"李"的意思是"果"；"李"的下面是个"子"字。我们不难想到，"果"之所以能够和"李"平起平坐，就是对着"李"中成熟的"子"说的。而这些成熟的果子，都是从"田"里采下来的。

借着在"田"里面多方的磨练，"李"树上的果子最后终于成熟到可以收割了。你还记得吗？写《道德经》的道家奠基人老子也姓李。

在圣经中，"杏"是人从死里复活的象征，摩西的哥哥亚伦手里拿着的，就是一支枯木逢春开了花，结了杏果的杖。你可以看到，"杏"中的"木"字，像"李"字的"木"一样，也是居上不居下，不偏也不歪的。

在第 60 个字的信息中，我们已经详细地解读了"子"字的内涵，你可以回过头去看一看。

(210) 麥 / 麦

下来，我们来看一看植物中的五谷类，首先是麦。《说文》指出，麦是一种"芒谷"，也就是带有针状物的谷类。

在繁体的汉字系统中，"麥"是一个很特别的字。本身它是一个独立的部首，但是在这一个部首中，又包含了另一个特别的部首，那就是"來"字。

"來"之所以特别，因为它像一幅生动的图画，描绘了《圣经》中所讲到的，耶稣被钉十字架时的情形。当时耶稣的十字架在中间，旁边是两个同时与他被钉十字架的犯人。"來"字恰好把中间一个大人，旁边两个小人，给一目了然地"画"了出来。

而"麥"字下面的"夊"字是"击打"的意思，把钉十字架的含义也显明了出来。因此《圣经》特别指出，如果一粒麦子死了，就结出许多的子粒来，就是对着这件事而言。

想不到汉字中竟然有这样一个字与之对应，令人感叹不已。

(211) 穀 / 谷

在植物之中，分为单子叶与双子叶两大类。从"禾"而出的谷类是属于单子叶植物。单子叶植物约占五分之一，双子叶植物约占五分之四，所以你看，不见得多就是好。人每天赖以生存靠的是占少数的禾谷类；不然的话，靠多数的双子叶植物存活，你可能就要啃树皮过日子了。

繁体字的"穀"出自"禾"的部首。虽然看起来这个被挤在"穀"的左下角很不起眼的地方，但却告诉我们一个事实：作为带头的"部首"，不见得时时处处都要抛头露面，就像稻谷是人每餐必见的"客人"，但它反客为主照顾人的肚子久了，大家都忘了"禾"才是真正的部首。

所以，当你在学习汉字时，可不要存在任何先入为主的成见，以为所谓的部首，就必定处于每个字最显眼的位置。

简体字的"谷"最实用了：吃饭时张开（"八"是"分"的意思）"人"的"口"，"谷"就进去了。它有力地印证了简体字的最大特点就是实用；而从繁体字中，人可以悟到不少的人生哲理。

(212) 黍

黍是一种五谷类，俗称黄米。它类似玉蜀黍，煮后带有粘性。

"黍"是一个独立的部首，如果再仔细观察一下的话，可以发现它的上面是一个"禾"字，下面是一个"水"字。因为它属于单子叶的"禾"类，和"水"合在一起才能显出它的粘性。所以万变不离其宗，必须从理性的逻辑思维入手，才能恰到好处地找到答案。

从颜色的角度来考虑的话，黄色代表成熟，粘却是一种带有两面性的感情，处理得当的话可以和甜蜜蜜作伴；处理失妥的话陷在泥潭里拔不出脚。这就像人都以为，多吃点纤维素可以帮助通大便；岂知水喝少了，反而让大便粘在肠里出不来。

黄色的粘"黍"，就是叫你在享受它的可口美味时，学会平衡地双向看问题。

(213) 豆

豆是属于双子叶的植物，在古代它是用来盛食物的器皿。

"豆"在古时与"菽"相通，它等于是豆类的总称。在"菽"中的那一个"卡"字，它的发音是 shū，与"叔"一样。"卡"的上面是个"上"字；下面是个"小"字。它就像我们所看到的豆芽，上面的头如同豆原来的样子；下面是小小的根须。

我们在口语中经常使用的"叔"字，和这一个"卡"字有着密切的关系。你想，"叔"不就是比上面的哥们小的那一个吗？在过去传统的中国文化中，把老大叫"伯"、老二叫"仲"、老三叫"叔"。"叔"字的部首出自"又"，就是又来一个的意思。如果你懂得用轻松的心情去学习和欣赏、享受的话，汉字中充满了幽默感。

实际上，在"豆"字之中，可以清楚地看到，它里面包含了三个不同的部首；如同豆本身是一盛食物的器皿，自然里面可以装不一样的食物。

(214) 荤

中国人一听到"吃荤"两个字，马上知道这是指着吃鱼、吃肉说的，反正它与鱼肉不沾边的吃素刚好相反。

但是，如果你看一下"荤"字的上头，一目了然是个"草字头"，里面一点跟肉有关的成分都没有，这不是与"荤"的含义背道而驰吗？

查一下《说文》，才知道"荤"是指"臭菜"，也就是葱、蒜类具有辛臭味的蔬菜。难怪，它和鱼肉一点都扯不到一块。

"荤"的下面是个"军"字。军人是要打仗的，没有足够的体力怎么上战场？所以什么动物性的蛋白质，辛热火辣的"臭菜"都不在话下，只要能提高人的阳气和体力就行。

佛家弟子之所以禁荤，是害怕助阳的食物会挑逗自己的七情六欲，无法静下来修心养性。

若从更高的灵修层次来看，如果要除去人里面的"兽性"，就必须尽量避免接受兽类之肉，西方人有"吃什么就成什么"的说法，看来也有其一定的理由。

但如果人食古不化地只知道照字念经，甚至于把"荤"弄错成"昏"，那就更什么都弄不明白了。

(215) 素

上面我们谈过了吃荤，下面要谈的是吃素。在"荤"里面一点肉都没有；无巧不成书的是，现在要谈到的"素"字里面，是一点"菜"味也没有。

"素"的部首出自"丝"，与丝织物有关。《说文》指出，"素"的本义是指没有染色的丝绸。所以，"素"字要表达的是一种单纯朴实的气质。

照圣经的记载，当初人被造出来之后，被上帝放在伊甸园时是吃素的。这大概与人没有犯罪之前单纯朴实的气质相对应。

现在不少的人，一直为着到底是吃素好还是吃荤好的问题辩论不休，每天都为该吃些什么伤透了脑筋。其实抓住了"素"的心理实质，不要停留在外面、表面上做文章，就什么问题都解决了。

一个人如果意志是昏昏沉沉的，吃得再"荤"也提不起精神；或者古里古怪地墨守成规，吃得再"素"心也无法平静安稳。

19、动物世界

(216) 羊

羊是一种反刍类的动物，在中国传统的文化中，是吉祥的象征。特别值得一提的是，"祥"字的部首出自与神明相通的"示"字，当它与"羊"连在一起的时候，就十分自然地与《圣经》上的耶稣紧密相连。

因为，在《圣经》中，羊、羔羊是用来比喻耶稣基督的。当耶稣降生时，首先见到他的人，不是挂着什么头衔的宗教人士，而是在野外辛苦劳累的牧羊人。一些基督徒常自比为上帝的羊；所谓的牧师或神父，实际上只不过是上帝的牧羊人。

众所周知，羊是一种温柔的动物，但"羊"与"阳"同音，在古时与"祥"同字；《说文》又指出"羊"是"善"的意思。难怪羊在圣经上会与耶稣连在一起，象征祂把公义和慈爱集于一身，带给普天下的人吉祥与平安。

汉字中如"美、善、义"等字，它们明显与人的正能量连在一起，细察之下都是与"羊"的部首有关。在第 18 个字中，谈到了对"义"字的解读，你可以回过头去看一看。

(217) 牛

《说文》对牛的评价是"大牲也"，也就是指它在牲畜之中为老大。现在"牛"这个字已经大得人心，不论在什么行业，对一个人的评分标准，就是看你够不够"牛"。

照道理来讲，那应该是身强力壮的大牛才叫"牛"，但是我们却常听到一句话，叫"初生之犊不怕虎"。换句话说，牛犊才是真的牛呢！

为什么？"犊"字的右边是个"卖"字，东西一卖出去就与原来的物主无关了。从这个角度而言，牛犊就是与父母断绝了关系，相当于没有教养的野孩子。这样的"犊"一旦无法无天地任性起来，是不是不管天高地厚，连老虎都不怕？

《圣经》记载，当以色列人在旷野拜牛犊时，惹来了上帝的大怒，结果不少人死于刀下毙命。这不都是牛犊不通人性闯的祸吗？

"犊"与"赌"同音，这告诫我们，赌徒如果像不怕虎的牛犊一样不知死活，总有死在老虎口里的一天；但话又说回来，如果人有不屈不挠的精神排除万难，也可能成为像武松一样的打虎英雄。这就看你把心力用到哪一方了。

(218) 马

马是经过人的驯化，而成为人类生活，甚至生存之好帮手的动物。在古时，"马"与"码"同为一个字。

"码"是一个与数字连在一起的量词，所以与计算数量的"筹码、法码"有关。不管是繁体字的"碼"，还是简体字的"码"，它们的部首都来自"石"。这说明凡是与数字连在一起的，都受到老天爷所定之律的严密控制，它们就像"石头"那样地坚实、可靠。

在科学的领域中，"物理"可推可移，"化学"可变可化，唯有数学是不能数错，也尽学不完的。所以当人类进入了数字的时代，就可以预测人们所要看见和面对的，是一幅何等神奇、壮丽、难以想象的图画。

"马"的特点是跑起来速度飞快，人怎么追也赶不上。这也是数字时代的特点，所以你可以看到现在的电脑、手机用不了多久就要升级或换代。尤其是，当"密"和"码"连在一起的时候，既神奇又快速，难怪人们面对人工智能的崛起，又兴奋又害怕。

实际上，人大可不必提心吊胆地过日子。当然，也不能自高自大、自以为是地活在无知、无识、无视之中。一个人能够站在"中"的位置看问题，才能做一个合乎中道的人。

(219) 犬

照《说文》的解释，"犬"是指有"悬蹄"的狗。所谓的"悬蹄"是指它脚上的蹄是分开的，并非铁板一块。

也许，中国人并不太理解这里面有什么含义。但读过《圣经》的人，一听就明白。因为所谓的分蹄，是指口头知道有上帝存在的人。实际上你是否真的认识祂，那是另外一回事。从这个角度而言，分蹄的"犬"相当于认同有个老天爷在掌管着天地万物。

那么，为什么这样的人还会变成犬呢？这是因为，在"犬"字的右上角有一"点"，它在汉字中的意思是"主"，代表天地万物的主宰，就住在一人为"大"的里面，变成了比"大"更大的"太"字。但是，因为"犬"并不真正认识这位"主"，无形之中就把之从"太"字中踢了出来，落在右上角的地方，从而变成了"犬"。

当你明白了这些简单扼要的道理之后，只要守住人心中的那一点——"主"，就什么问题都解决了。

(220) 狗

讲完了"犬"，再来看"狗"。《说文》中把"狗"与"犬"定义为，"大者为犬，小者为狗"。

"狗"的部首，是从"犬"的偏旁字而来，而它的右边是"句"字。

"句"的意思是"弯曲"。所以，你看到它的外面像个弯钩，不断的收缩和弯曲。当最后完整成形的时候，就是一个圆圆的

"句号"。

因此而来，你看到"犬"的问题就出在一直想变大，当其野心扩大到连"主"也容不下，甚至于要取而代之的时候，一脚把"主"踢出去，马上就让人看到其原来是"犬"的真面目。

在圣经中，狗和犬的分别是一清二楚的，狗为小，犬为大。新约圣经只把"狗"的头衔挂在一个被人看不起的妇人身上。因为她谦卑地跪倒在耶稣的脚前，求祂医治自己患病的女儿。

在《启示录》中，明言犬类是最后被扔进火湖——第二次死的对象。这些都自然叫我们看到，狗和犬是不一样的。汉字对狗和犬的定义与圣经不谋而合，实在令人感到惊奇不已。

(221) 狱

人间可见的监狱，或听闻传说中的地狱，都与我们要谈及的"狱"是同一个字。这一个"狱"字与众不同之处，就是在同一个字中，有着两个"犬"字，一个是"犬"的本身；另一个是它的偏旁字，俗称"反犬旁"。

《说文》指出，"狱"是"确"，就是"确实、坚固"的意思。想想，石头是牢固的，角是坚硬的，"言"作为中间的的见证人，就是要告诉人，"狱"是确实存在的，两只犬在里的出现是真实的。它们之间的互动、变化和结局是可以预料的。

上面我们已经讲过了"犬"和"狗"之间的不同。这里无非再一次强调，倘若犬最后掉进了地狱；而狗却得以脱离地狱之火的话，无非是它们在人间就活出了不同的生命样式。由此，人不要等到死后面对地狱的真相才后悔不及。

(222) 虎

虎是山中之王，它是一种凶猛的动物，所以才有谈虎色变的成语。《水浒传》中武松打虎的故事家喻户晓，这些都足见虎在人们心目中所留下的深刻印象。

然而，"虎"字的部首来自"虍"，它是虎皮上的斑文的意思。在"虎"字的下面是个"几"字，代表古人席地而坐时有靠背的家私。那虎皮大概就是用来盖在其上面的。"虍"的发音与吓唬的"唬"同音。

把以上这些要素合在一起，我们可以看到，其实"虎"要传达给我们的信息是：不要害怕虎外貌上的凶残，人类历史上任何一个如虎的暴政都是短命的，没有一个能够持久，所以才有"纸老虎"一词流传于世。

人也不必狐假虎威，借着"虍"的斑文骗人过日子，是没有底气的，迟早要自食其果。

(223) 魚／鱼

鱼是在水里才能存活的"动物"。实际上，在一般人的头脑里，并不把鱼与动物直接连在一起，因为动物是指着地上的"活物"而言。

在希腊文里，"鱼"字是由"耶稣、基督、神的、儿子"等词的第一个字母拼成的。所以，早期的基督徒在惨遭罗马帝国当权者迫害的日子里，以"鱼"作为彼此联络的暗号。现在的不少基督徒，也将"鱼"当作是一个表明自己身份的标记。

汉字中无论是繁体的"魚"还是简体的"鱼"，都是一个单独的部首。鱼是生活在水里的，但是"鱼"字的结构却是上面一把"刀"，中间一块"田"，下面一阵"火"（参繁体），与水一点关系也没有。你不觉得这有点令人感到不可思议吗？

当然，我们可以在"鱼"的旁边加多"三点水"，使之成为"渔"，但那是指打鱼的"渔夫"说的。本来"渔夫"是指着人而言，但在汉字系统中并没有一个"单人旁"和"鱼"合在一起的字。由此而来，可见这"鱼"确实是一个很特别的字。

(224) 鲜

不少人都喜欢吃海鲜，"鲜"字是出自"鱼"的部首，另一边是个"羊"字。

值得令人深思的是，前面我们讲到"鱼"代表基督徒；"羊"则代表跟随耶稣的信徒。如此一来，这两种与神都有着密切关系的"活物"合在一起，就成了"鲜"。这一个"鲜"字，与中国人常说的"神仙"的"仙"是同音字。换句话说，如果你是一个货真价实的"仙"人，那么就必定有异于俗人的"鲜"味才对。

可是，害怕吃鱼和羊肉的人都知道，鱼和羊肉都有一股腥味。它们在烹调的过程若处理不好的话，叫人难以下咽。"鲜"和"腥"的发音有混似之处，但性质却大不一样。"鲜"是与"臭"对立的；"腥"却是"臭"的同路人。

由此，我们就不得不好好地想一想，这和"鲜"混在一起的"腥"，到底是怎么一回事？

(225) 腥

"腥"的部首出自"月"，也可以把之当成"肉字旁"去理解。"腥"的另一边是个"星"字。

如果你把"腥"的部首当做"月"去理解的话，月亮是在天上，星星也是在天上，当它们结合在一起而成了"腥"时，就是发出的味道再臭，在地球上的人也是闻不到的。

但是，如果你把"腥"的部首当作"肉字旁"的"肉"去理解的话，肉体是长在人或活物身上的，星星却是在天上。这两个一在下、一在上的东西合在一起，就如清鲜和臭浊混杂一般，马上就变味了，要不"腥"谈何容易。

诚然，这不过是个比喻，告诫我们有些人现在虽然算是"鱼"

和"羊"了，但只要还带着肉体的味道，即使你的崇高理性已经跟天上的星星连线，也免不了还是一身"腥"味，叫人闻而掩鼻。

怎么样去解决这个问题呢？那就要谈到"鱼"的加工了。而鱼的加工，又离不开"火"，所以，下面我们就先来看看"火"。

20、火之奥秘

"火"是汉字中一个很特别的部首，它除了本身是个四画的字之外，有一个四"点"（灬）的部首，它与"火"同字，但却不能作为偏旁部首使用。因为它每一次的出现都是在字的最底下。为了便于表达，我们就暂且给它起个名字，叫"四点火"吧。

(226) 火

火的特点是带有光和热，与人类的生存戚戚相关。

"火"是汉字的一个独立的部首，它还有一个"四点火"（灬）的部首。

同时，"心"字也与"火"有着密切的关系。因为，从中医的角度来说，"心主火"，所以心的生理功能及病理，常与火连接在一起。而且，中医所说的针灸经络系统，也和火有着一定的关系。

另外，人作为万物之灵，虽然肉眼无法看到"灵"的存在，但据《圣经》所讲，人的灵和心的关系是十分密切的，甚至于可以说，灵就住在人的心中。由此，认识"火"的心理和生理功能是深有意义的。

(227) 灰

照《说文》的解释，"灰，死灰余烬也"，也就是火烧后留下的东西。"灰"字的部首出自"火"，有火已熄灭，可以用手去拿的含义。

《圣经》讲到，起初的人是由土造的，而人死后又归于土。这里所提及的"土"，就是指着"灰"而言。如果说，人的灵就像火的话，那么，当火烧完了，相当于灵从人身上离开了的时候，剩下的就是"灰"——一具等待着入土的尸体罢了。

灰色是由白色和黑色混合而成的。如果说，白色是代表人能够看得见的身体部分；黑色是代表人看不见的意识部分，那么，当人的灵离开了之后，原来看得见的"白色"的身体部分，随着入土后时间的推移，最后真的"白"了——什么都空空白白了；但是那黑色的看不见的意识部分，却并不会因此而彻底消失。

所以，就给现在活着的人留下了许多的问号。也许，在你的此生难以找到这些问题的全部答案，但是有问题愿意思考的人，就是不会白白错过这一生的人，肯定是有福的。

下面，我们开始谈谈鱼的加工方法。它们都与"四点火"的部首有关。

(228) 烹

烹调是我们经常听到、见到的一个词，好的烹调大师做出来的佳肴，常令人齿颊留香。

"烹"字的上面是个"亨"字，它的意思是"亨通"。烹调之目的，就是为了达到亨通的目标，使原来带有腥味的鱼、羊之类，不再叫人见而作呕，避之唯恐不及。

而且，"亨"字和"享"字原同一字。凡事亨通，必然是一种享受。让人觉得是一种享受的东西，即使你不必使劲地广告推销，也会有人主动找上门来。

这是所有的"鱼"们和"羊"们，如果要得到他人的接受，都必须好好思考的话题。

(229) 煮

"煮"的上面是个"者"字，"者"的意思是指一个笼笼统统的"这"。它可以是指烹调的人，也可以是对着被煮的"食料"而言。

烹调离不开两个重要的因素：一是厨师的技艺必须过硬，什么招数都能够恰如其份地灵活使用；二是烹调的食材质量要符合规定的标准，缺一不可。

同理，要圆满地完成"除腥"的加工任务，烹调的人要懂得如何根据实际的环境和条件，采用适当的方法或手段，去对食材进行加工并处理。

而食材的挑选，虽然并不是什么都能掌控在厨师的手中，但起码的良心和知识是不可缺的。你总不能用一块已经发烂的臭肉，熬出一锅可口的香汤吧？哪怕什么样的调味料都用上了，可以骗过吃之人的嘴，却瞒不了肚子里面的肠胃，一下子就会把之翻箱倒柜地倒出来。

(230) 煎

在烹调的方法之中，"煎"算是一种快速的处理手段。"煎"字的上面是个"前"字，似乎在告诉我们，有些问题的解决就是要快刀斩乱麻，在事情变得越来越复杂和严重之前，就先给摆平。

在人的一生之中，所碰到的问题，总结起来不外乎就像"疾病"一样分两种："疾"是急性的；"病"是慢性的。能够尽快给解决掉的"疾"，就不要让之有机会变成"病"。

成功的"煎"带给人经验；失败的"病"带给人教训。但这里没有什么绝对的是非对错存在。什么时候我们学会从中间的位置平衡地看问题，问题就已经在"前"解决了一大半。

(231) 熬

"熬"是慢慢煮的意思，与"煎"相反，它需要的是时间，无法快速地达成目标。

"熬"字中的"敖"是漫游的意思。当"敖"和"单人旁"合在一起的时候就成了目中无人的"傲"字。

可想而知，要一个骄傲的人服下来，不是一朝一夕就能办到的事，所以这时"熬"就被派上用场了。

熬的过程是痛苦的，所以俗语才有"媳妇熬成婆"的说法。虽然时代变了，熬的手段和方式与过去不一样，但"熬"的滋味始终是不变的。

借着熬，漫游懒散的心得到了收敛；骄傲自大的人性被克制，虽然付出的代价不算小，但换来脱胎换骨的结局还是值得的。

(232) 熱／热

所有的烹调都离不开热之能量的供应。所以，鱼、肉的加工自然也离不开热。

简体字的"热"字，它的上面是个"执"字，带有用手执行的含义；繁体字的"熱"不一样，它的上面是个"埶"（yì）字在古时，"埶"字和"艺"同字。所以，它注重的是一种技艺。

换句话说，在烹调用热的过程中，我们不仅要注意到执行时的具体操作步骤；还要把实施的方法当成一种技艺，不断地提高它的效果。

此外，"埶"字的左边是个"坴"（lù）字，是"大土块"的意思，所以把中国内地称之为"大陆"并非偶然。这意味着，在一个大的环境里，热更容易发挥其作用，把"加工"的技艺提高到一个更佳的水平。

(233) 熟

"熟"是对着成熟而言，这是一切人事物要进入之终极目标。我们看到"熟"字的里面有一个"亨"字，它是亨通的意思，把人再带回到当初烹调开始的意图。

"熟"的里面还有一个"丸"字，它的意思是"圆"。也就是说，这是一个圆满的句号，它把所有"除腥"的加工任务都漂亮地完成了。

如果我们对照一下"熱"字和"熟"字，可以发现这两个相似的字，里面都有个"丸"字。这告诉我们，正能量的运行和它最后要取得的结果，要达到的终极目标是一致的。人只要认清方向勇往直前，就没有什么可以拦阻我们前进的步伐。

(234) 蒸

"蒸"这个字对许多人来讲都不陌生，少有人没有吃过或听说过蒸鱼。然而，有一点令人感到不解的是，这一个"蒸"字，怎么头上戴了个"草字头"呢？草是一碰到火最容易消失的东西；何况过去蒸鱼的器具大多出自竹，哪见过用草做的？

当我们再仔细观察时，才发现在"蒸"字的"四点火"之上，原来还隔着一道"横"。你可不要小看这一横啊，它可是汉字的第一个部首——代表天地万物主宰的"一"字。

由此，我们也就恍然大悟了：原来这个"蒸"字，与"拯"字是近音字，"蒸"字中的"一"字相当于在为人撑腰：放心吧，有我在，火烧不到你的头上！这就是拯救的真谛，不管碰到什么生命存亡的天大难题，只要与"天"同在，什么都难不倒。

(235) 羔

"羔"是指小羊。烹调羊肉，特别是烤羊肉，常要用到火，这是理所当然的事。但是，这里的"火"，却只跟小羊连在一起，就有点叫人难以理解了。

我们前面说过，羊是代表认识上帝、跟随耶稣的人。所以在圣经不少的地方都提到"羊"的字眼。

但是，在新约的《圣经》中，每当提到"羔羊"这个词时，通通指着耶稣一个人而言。

也就是说，从与羊有关的角度而言，"羔"这个字是特别对着耶稣讲的，因为他是牧羊人，所以特别能体谅和怜悯到小羊的情形。

想一想，如果一个牧羊人看到有人把小羊放到火上去烤，那是一种什么样的心情？耶稣因为自己亲身体会和经历了人间的疾苦，所以把"羔羊"和自己连在一起，不正体现了祂的宽广心胸和对人的怜悯之情吗？

(236) 鳥／鸟

在汉字中，把天上的飞鸟分为两大类：一类是长尾巴的，叫鸟；另外一类是短尾巴的，叫佳。

在"汉典大全"中，并没有介绍多少有关"鸟"的资料，只将它与人所讲的粗话连在一起。换句话说，其并不看好鸟所扮演的角色，也不觉得它带有多少的正能量。

从繁体字的"鳥"中，可以看到它的底下是"四点火"，而在正中间还有相当长的一画横。中间的这一横，我们已经多次说过那是代表天地万物的主宰，如果祂已经介入在其中，大概"鸟"儿还有救，就像在"蒸"中之"草字头"，最后不会被火所灭。

这乃是一种来自上天的恩典，特别是与"鱼"和"鸟"结下了深厚的缘分。

(237) 烏 / 乌

有一个字与"鳥"字十分相似，它就是乌鸦的"乌"字。虽然乌鸦也是鸟，但"乌"却不出自"鳥"的"四点火"的部首。

"乌"的部首是来自从右上向左下偏斜的一"撇"（丿），它带有"分开"的含义。也就是说，"乌"是在告诉我们，它和"鳥"是不一样的。因为，它们彼此之间有着本质上不同的差别。

"乌"带有"黑"的意思，所谓"天下乌鸦一般黑"，已经为它定下了其留给人的形象。"乌"鸦的"口"是空空荡荡的，不像"鳥"的口里面还有一"点"，多少尚且可以自己当家做主。所以俗语中人常用"乌鸦嘴"来形容那些乱说话的人。

明白了这一些，你进一步看到汉字部首的重要性了吧。它就像指南针一样，让你在复杂的环境里，也不会迷失方向。也能够帮助我们，从不同的层次去发现事物的多样化和可塑化。

(238) 燕

燕子是一种候鸟，很多人都知道。但是，却少有人知道，燕子是和鱼最接近的"活物"。因为，汉字的"燕"，明摆着就是"鱼"的翻版。

"燕"字可以分为三部分：前面的"廿"代表头；中间的部分代表躯干和四肢；最后的"四点火"代表尾巴。

同理，"鱼"字也可以分为三部分：前面的"刀"代表头；中间的"田"代表躯干；最后的"四点火"代表尾巴。

当我们明白了鸟的尾巴和鱼的尾巴有着对应的关系，就得悟解鸟和鱼的性质也必定大同小异。如果说，鱼是代表蒙上天的恩典得救的人；那鸟也存在着类似的可能性。在圣经一开始的《创世纪》中，记载水被分为天上的水和地上的水。

如果说，地上的水是鱼存活的地方；那么，天上之水也就是带薄薄雾气的天空，则成了飞鸟活动的空间。因此，鱼和鸟是很特别的活物，它们虽然和"地"有着无法分开的缘分，但却是不属于地上的动物。

也许，你真能明白这一点的话，就不会纠结、挣扎于宗教派别的争执漩涡之中了。

21、万物之灵

人之所为万物之灵，其地位是其它受造之物无法相比的。下面的汉字，为我们揭开了与人有关的奥秘。圣经对人之来龙去脉讲得最清楚，所以我们所阐述的内容都是从圣经引过来的，而又与汉字本身所隐藏的内涵，并没有冲突之处。

(239) 人

照《说文》所言，"人，天地之性最贵者也"，其崇高的地位是其它的受造者，包括天使在内，都无法望其肩项。

然而，"人"字却是汉字中很简单的一个字，只有两画——往左下角的一"撇"，及往右下角的一"捺"，就合成了一个"人"字。看起来似乎很简单，但里面的来龙去脉却不简单。因为，我们要回到《圣经》中的伊甸园的故事，才能明白这两画的内涵。

当初，伊甸园中有两棵树，一棵叫生命树；一棵叫知识善恶树。它们就像"人"字左右不同的两画，紧紧地合在一起。后来，第一个受造的人亚当，因为不听从上帝的命令，尝了不该吃的禁果，相当于在"人"的之间就出现了一个缺口，使"人"字变成了"八"字。

这就是"人"字中左"撇"带有"分开"含义的原因；而右"捺"的意思是"按压"，亚当和他的妻子夏娃因为按压不住自己的私欲，受了伊甸园中蛇的诱惑，走上了背叛上帝而免不了一死的路。这就是"人"和"八"的来龙去脉。

然而，故事至今仍然没有完结。因为，这"八"字也带有"复活"的含义。也就是说，上帝并不愿意看到人就这样悲哀地死去，所以解铃还须系铃人地让"八"，重新把人带回到原先不死的地位，只要人愿意诚心悔改、脱胎换骨就行。

每一个人都被包括在这个故事之中，但其中有许多的细节却不是三言两语就能讲清楚的，需要你去探索、经历和体会。人类的历史就像在书写一本书，从一开始的"前言"到今天，已经完成了上半部；等待着书写更精彩的下半部，直到最后的"结语"。

(240) 我

这个世界人来人往，至今的人口总数已经达到七十多亿。若把陆、海、空中的活物也加起来，那就多得连数目也说不清了。但虽然地球的人、物这么多，归结起来却不外三个字——那就是"我、你、它（他、她）。

圣经记载，上帝的名叫"我是"，所以"我"首先是指着神而言。而照"大我"——神之形象和样式而造的人，也就顺理成章地成了"小我"。

如果我们查一下《汉典》，可以发现"我"的部首是出自"戈"，它是指古代士兵打仗时用的武器。难道说，"我"一生下来之目的，就是为了打仗而存活？

从中国文化讲究伦理道德、和谐相处的立场来看，这大动干戈的"我"肯定是不能这么解的。那么，我们就要换个角度来思考了。

现在，不少人对"人最大的敌人就是自己"这句话都不陌生，这里正好把它派上用场。就是这个意思：人一生下来之目的，就是为了跟自己打仗。什么时候你打赢了，胸前挂着个奖牌，手里拿着一张旧的人性，已经被改变得七七八八的毕业证书，就可以回到天堂去报到了。

(241) 你

在人与人之间的关系中，不可能不涉及到"我"和"你"。所以，"你"的部首是出自"单人旁"；而"你"的右边是个

"尔"字。繁体字的"爾"和简体字的"尔"，它们的部首各不一样。

繁体字的"爾"的部首出自"爻"，它是《易经》中经常使用的"工具"，每一个卦的构成和组合，都离不开或长或短的阳"爻"和阴"爻"。《说文》指出，"爻"是"相交"的意思，代表着错综复杂的变化。

因此，在与"你"打交道的过程中，就像卦中之爻的变化，爻一动，卦也就随之而变；人与人之间的关系，也随之而变。这是正常的，也是人必须深刻记住的，没有什么东西是一成不变的，你以为怎么样就会怎么样。

而简体字"尔"的部首却出自"小"。可想而知，如果人与人之间的关系，在我和你接触的过程中，一直纠结于到底谁大或谁"小"的问题，那么接下来不管什么事情会发生，几乎不必等就知道，其气氛绝不会令人感到舒服，而且最后的局面也不会好到哪里去。

(242) 它

《说文》指出，"它"是"虫"，特别是对着"蛇"而言。

我们已经说过，在伊甸园中有一条蛇，它引诱夏娃吃了善恶树上的禁果，害得人从此走上了死亡之路。这一条蛇就是"它"。

"它"字的部首是从"宀"而来，它带有"深屋、覆盖"的含义。所以，不管人住在什么样的房屋；是明显看得到之处，还是被覆盖的地方，都离不开"它"的干扰和影响。

我们都知道，一个家庭倘若有了第三者的介入和干扰，就会变得鸡犬不宁，无法过上一天的好日子。同样，"它"一介入了人类的生活，每个人的一生就扑朔迷离，产生了许多的变数。

固然，这与人的自由意志的选择有很大的关系，但与"它"的存在和干扰也有所关联。所以，凡事我们不要只想到眼睛看得见的，还必须时刻警惕背后是否有"它"在搞鬼。

(243) 也

"也"这个字是个虚词，带有"同样、并行"的含义。

"也"的部首出自"乙"，看起来弯弯曲曲的就像一条蛇。实际上，这是在暗示我们，"也"和"它"是"同样、并行"的东西，你可不要被它们弄糊涂才好。

由此而来，我们看到"单人旁"和"也"合在一起就成了"他"；"女"和"也"合在一起就成了"她"；甚至于"示"和"也"合在一起就成了"祂"，因为"它"归根结底还是属"祂"管的。

正以为如此，所以《圣经》才鼓励信徒，不要害怕"它"兴风作浪，凡事都有"祂"在作主，人只要尽自己的部分，把"他"或"她"应该做的事做到最好，其余的就交给"祂"去处理"它"好了。

(244) 父

在一家之中，总得有一个当头的，这就是父亲要扮演的角色。《说文》指出，"父"是"家长举教者"。古文的象形字让我们看到，这个为父的家长，手里拿着杖在行使对儿女的管教。这与西方社会注重人权，不主张体罚孩子，甚至孩子可以叫警察、告父母的观念，恰好背道而驰。

你说，面对着如此不同的文化背景，到底该怎么样去论断是非对错呢？

"父"字之中，上面是个"八"字，意思为"分开"；下面是个"乂"字，表示"相交"。

这似乎在告诉我们如何做一个称职的"父"：该分开的时候就要硬；该相交的时候就要软。把两者有机地结合就行了。这也是"父，家长举教者"的内涵：有时要分开，不客气地把管制的杖举起来；有时要相交，把做人的道理好好地教一教。

说起来容易做则难，有多少人都是在教训中走完人生这一条路的，如果到了人生的尽头能悟解到此道理也不算晚。一个在地上作父亲的，能够在末了明白"举教"的相交之道，也算值了。

(245) 考

在传统的中国文化中，把过世的父亲称之为"考"。

"考"的意思是"老"，那么，又怎么为"老"下定义呢？《说文》指出，"七十曰老"。难怪过去常说，"人生七十古来稀"。但是现在活过七十岁，老而不"考"的人比比皆是，这样又该如何解释这个"老"字呢？

孔子在自我评价人生走过的各个历程时，最后谈到的是"七十而从心所欲，不逾矩"。如果我们把之当作是对"考"，或者是"老"的解释，是最恰当不过的了。

由此而来，我们就看到一个已经"考"了的父亲，留给下一辈的宝贵遗产，不在于钱财，而在于最后进入"从心所欲不逾矩"的品质，为后人做出了美好的榜样。

"考"也带有"考试"的含义。不管你是父亲与否，每一个人的一生都是一场考试。走完人的一生，你是否能够拿到一张考试及格的毕业证书回天家，里面可能有老天爷介入的成分，但更重要的是看人如何去看待、应付和挑战这一场考试。

(246) 母

母亲是个温馨的名字。"母"是个象形字，就像母亲给婴孩喂奶一样。《说文》解释说，"母"是"牧"的意思。

一般而言，我们都习惯于把教会的负责人称之为"牧师"，岂知最适合充当这个角色，最有条件承担这个职份的，乃是家里的母亲。从这个角度来看，一个家有了一位尽职出色的母亲，就相当于将这个家建立成为一个最好的教会，此话千真万确不会假。

母亲之所以能够承担如此的重任，在于"母"字之间的那一画，象征天地万物的主宰，把袖的爱浇灌给了母亲，使之得以有能力和智慧去履行她的重任。所以，如果你想当一个出色优秀的母亲，非与"一"紧紧连接不可。

(247) 妣

在传统的中国文化中，把过世的母亲称之为"妣"。

这一个"妣"字，它的部首出自"女"，另一边是个"比"字。"比"是步调一致，并肩而行的意思。在《易经》中，有一个卦叫"比"卦，讲的就是两个人并立而站，平等而行，进入所谓双赢的局面。

作为父母彼此之间的互动，也应该本着"比"的原则，软硬兼施地各尽其责，才能达到最佳之效果。可惜，太多作母亲的在生之日，因为和"一"的连接过于薄弱，常常偏向于感情用事，所以母亲死后，下一辈的人才在感叹：若在生之日，能够明白"比和"之道，并付之实际行动，那该多好！

当我们明白了"考妣"的内涵之后，每个人都应该争取在未老之前，就进入"从心所欲不逾矩"的自由之中，当一个名列前茅的"牧"者，那才配得上"父母"的光荣称号。

(248) 夫

"夫"的部首出自"大"，表示"夫"是一个长大成人的男子汉大丈夫了。古时的成年男人，必须束发加冠才能正式成为一个丈夫。在头发上插一根簪，就成了"丈夫"的标记。"夫"

字最上面的那一横，就相当于是头上的那一根簪。

由此，只要是成年的各行各业的男人，都可以冠上"夫"字，比如"农夫、渔夫"等等。

然而，"夫"最主要还是用在夫妻的关系上，一个娶了妻子的男子就成了名正言顺的丈夫。

古时，对老师的称呼也用上"夫"，叫"夫子"。中国历史上最伟大的老师叫"孔夫子"，这名字现在响遍全世界。

犹太人也把老师称为"夫子"。甚至于耶稣的门徒也把他称之为"夫子"。可见，"夫子"这一词是全世界都可以共用的。若问地球村要用什么人去打开世界大同的门，恐怕非"夫子"莫属了。

(249) 妻

妻子是指成年男子明婚正娶的配偶。"妻"字的部首来自"女"，而它的上面部分是一个妇女，在用家具或扫帚从事家务劳动的形象。在中国文化的传统观念中，所谓男主外，女主内的说法，在"妻"字里面得到了充分的显明。

值得一提的是，在过去的中国社会，有钱人的大户人家妻妾成群的现象并不罕见。但是，在《说文》中却把"妾"定义为"有罪女子给事者"，相当于把之当作有罪受刑的"女奴"看待。

哪怕是在过去不重视人权的时代，这仍然是件令人费解的事，这些"妾"到底出了什么问题？

原来，"妾"字的上面是个"立"字。根据"汉典大全"提供的资料，我们最终明白原来"立"的含义，跟"占卜"的"占"字连在一起。

换句话说，"妾"企图借着占卜的方法来改变和提升自己的地位。这本来也不是什么难以理解的事。但是，如果一个人把改变命运押在一些旁门左道的运作上，那无非是自己在玩火。如此说来，把"妾"定位为"有罪女子给事者"，并不过分。

不知这样的解读你听后感受如何？实际上，圣经上对妻、妾的主次地位也有所分别，虽然不像《说文》一样，给"妾"定下如此重的罪名，但妻、妾有别的分界线明摆在那里，其中的奥秘尚待人去推敲。

(250) 孩

夫妻在一起的结果，大都离不开最后会有孩子。所以，"孩"的部首出自"子"；在"子"的另一边是个"亥"字。

在中国人计算年历用的天干地支中，亥排在十二地支的末位，数字 12 是个代表完全的数字，所以孩子一出生就和完全的数字连在一起，不能不说是老天爷一个极大的祝福。

"亥"这一个汉字，它的发音 hāi 与"孩"和"咳"同音近声，等同于当外国人彼此见面时，第一声发出的"咳"(英文是 Hi, Hello 的简洁叫法)，表示打招呼问好之意。

当小孩子非常开心笑的时候，我们也可以说他（她）"咳"hài 了，可见这个字男女老少都好用。希望每一个人，每一天都活在"咳！咳！咳！"的欢笑声中。

顺便提一下，如果"咳"的发音 hài 表示开心，hāi 表示叹气，即不开心，那么 ké 却和"咳嗽"连在一起了。你可不要读错啊！

第五部分：展望未来

22、方向和季节

当人类历史进入了数字时代，展现在人们面前的是一个瞬息之间千变万化的世界。虽然我们无法看透接下来许多要发生之事的细节，但从圣经预言书的记载，结合汉字所揭示出来的奥秘，在下面的这一部分，我们试着为大家做一点相关信息的解读，力求与当前的现实社会状况不脱节太远。

(251) 展

展望未来，谁不希望看到的是一幅亮丽的图画？然而，"展"字的部首却来自"尸"，不禁让人倒抽了一口冷气，这到底是怎么一回事？

《说文》对"展"字的解释是"转"。如果说，"尸"代表死亡的话，那么反转过来就是活生生了。这才是"展"真正的含义。

在"尸"这个部首底下的字系中，第一个字是"尹"（yǐn）字，它是"治"的意思。也就是说，人从死里反转过来，其目的无非让人得到重新"治"理事务的机会。有了这样的观念，你才能透过事物的外表，展望到应该看到的东西。

(252) 望

《说文》对"望"字的解释是"出亡在外，望其还也"。照字面的理解，意思是说"人在外面死了，有望能活过来"。若从人死如灯灭的角度来看，你会觉得这是一句叫人听了莫名其妙的话。

但是，如果你知道人死了会复活，接下去轰轰烈烈要干的事多得很呢，那就没有什么叫人感到奇怪和意外的了。

"望"字的部首来自"肉"的偏旁，里面还包含了其它两个字，那就是"亡"和"王"。当"肉"和"亡"合在一起的时候，是告诉我们人已经死了；但是这并不意味着一切都没有希望了。因为，"望"的下面是个"王"字。

《圣经》明明白白地告诉我们，当耶稣再来的时候，人类中有份于头一次复活的人，是要跟祂一起在地上做王一千年的。我们不能不惊叹，《说文》对汉字的解释，和《圣经》的阐述是何等接近！

(253) 未

"未"字的本义是"没有、不"，但它否定过去，却不否定将来。所谓的"未来"相当于还没有来，而不是不来。

《说文》指出，"未"即"味"。在农历里"未"是指第六个月，正是树木结果有着好滋味的季节。这一切都说明未来是美好的。

实际上，人体内部错综复杂的血管神经系统，就像树木的根枝须节一样。换句话说，树木就是人的象征。

"未"字位居整个"木"之字系中第一领头的位置，这暗示我们人类的未来是光芒万丈的，没有什么能够拦阻人作为万物之灵，与"一"合而为"大"的崇高地位。

(254) 來／来

在汉字中，"來"是一个很特别的字，它的部首来自"木"，在繁体字的"來"中，可以观察到在它的里面，中间是一个与"十字架"合在一起的"大人"；旁边是两个"小人"。

这是《圣经》上所记载的，耶稣被钉十字架时那幅图画的缩写。当时，他自己被钉在一个十字架上，在祂的旁边有两个犯人，同时各被钉在自己的十字架上。

在《易经》上，有两个卦正好相反：一个是以"来"为主题的卦叫"泰"卦，很多人一听到保平安的"泰"字到就喜欢；另一个是以"去"为主题的卦叫"痞"卦，代表闭塞不通，当然不受人欢迎。

因此而来，你就得明白"來"字和"泰"字是一脉相通的。耶稣本身并没有犯什么罪，但却为了拯救犯罪的人而心甘情愿地死在十字架上，以便使那些愿意跟随他的人最后灵魂不死。

结果，我们就看到在他旁边的两个犯人，一个临死前认罪悔改灵魂得救了；另一个却死不悔改最后沉沦。何去何从由人自定，这是"來"字带给我们的最终启示。

(255) 東／东

繁体字的"東"的部首是出自"木"，与中国传统中阴阳五行的"东方木"切合；而简体"东"字的部首出自"一"，代表人若要真正了解"东"的含义，离不开从天地万物的主宰——"一"中去寻求答案。

《说文》指出，"东"的意思是"动"。在《易经》的八个基本卦中，对应"东方木"的是"雷"卦，相信没有什么动起来，比雷来得更快、更猛、更可怕的了。

东方是日出之地，而早晨的阳光是柔和的，所以东既代表照亮一切事物的光，又象征光中之热温暖人间，把理性和感性有机地结合在一切，是造物主赐给东方人智慧的启示。

如果说，当今的日子是东方崛起的日子，那无非表明整个人类的文明正迎来一个朝气蓬勃的千禧年时代。一切才刚刚开始，后面的日子长得很呢，数英雄人物还在后头。

(256) 西

"西"是"栖"的本字，《说文》指出，"西"是"鸟入巢息止"的意思。相对于东的日头初出，西就有夕阳西下的味道了。

然而这并不是说，从今以后在未来的日子里，就是东方这边的风景独好；而西方那边的状况却一落千丈。

在《圣经》里，照犹太人现今的规矩也一样，每一天是从黄昏的时刻算起的，所以正好对应于东方的早晨。实际上，以色列人所在的中东地区，原则上也属于东方的地盘。只是因为西方文化深受圣经文化的影响，所以犹太人的时间观念也被西方文化所吸收。

因此而来，我们就可以看到，在下来的日子里，不管是东方还是西方，整个地球村的状况，一方面是充满着东方朝气蓬勃的阳气；一方面是享受着西方在上天的怀抱里栖息而安的喜乐。

这就是人类迈进前所未有的千禧年时代的美景，为我们所展开的壮观图画，既激动人心，又平静安稳！

(257) 南

南是人早晨面对太阳的时候，位于右手的那一边。

《说文》对它所下的定义是："南，草木至南方有枝任也"，照字面的意思是说，"到了南方的草木有枝可以养"。因为，南方是一个充满阳光的地方，自然草木的生长就旺盛起来。

在中国的历史上，看似软弱的南宋王朝，实际上不管是民生经济，还是忠精的文武人才，都比北宋更出色。这说明"南"的生命力是不可低估的。

中国大陆开发几十年的发展状况，从开始的经济特区，到现在的粤港澳大湾区，南方都一直占着举足轻重的重要地位。可见

"南"所扮演的重要角色是不可忽略，甚至于它在某一方面所起的独特作用，是没有谁可以代替的。

古字的"男"与"南"相通。男属阳，这与"南"同阳紧密相连的特点，恰好不谋而合。

相信在未来的日子里，不管是中国的南方，还是整个地球村的南方，都必将发挥其更大的作用。

(258) 北

北是人早晨面对太阳的时候，处于左手的那一边，与南相对。古时"北"与"背"同字，带有"违背、违反"的含义。

前面的第 238 个字的信息，谈到"燕"字的内涵。这一个"燕"字，是"北"字的最好注脚。在"燕"字的中间，有一个明显的"北"字，被"口"分开。

在中国的历史上，明朝的开国皇帝朱元璋的儿子燕王朱棣，篡夺了自家侄子的帝位，并从南京迁都到今天的北京。所以"北"和"燕"之间无法分割的关系，从燕王朱棣的现身说法，让人看得一清二楚。

明朝是一个明争暗斗的黑暗王朝，从头到尾充满了你争我夺的背叛闹剧。太监弄权，明目张胆设立特务组织，专横跋扈的状况到了前所未闻的程度。这说明在上的一旦有了造反的不良之心和行为，在下的必定会群起效尤。人种什么收什么，天网恢恢一点都不漏。

值得一提的是，《圣经》上说，上帝就住在北方之处，因为北方也代表隐秘的地方。祂在黑暗之中仍然明察秋毫。这更显明北方是个可畏的地方，不但叫罪人不寒而栗，更像个"黑洞"，里面所隐藏的诸多奥秘，迫使人不得不承认自己的渺小。

(259) 春

春是一年之中的第一个季节，包含第 1、2、3 三个月。

春天是草木萌发生长的季节。在古时"春"字和"芚"字互通。"芚"是草木破土而出的意思。在"芚"字中有个"屯"字，它是"困难"的意思。

在《易经》中有一个卦叫"屯"卦，它是《易经》中所谓的四大难卦之一。也就是说，它与艰难困苦相依为命，象征草木在破土而出的过程中，一定会受到各式各样的拦阻和考验。但无论如何，草木最后都必克服一切的困难，在阳光之下绽放笑容。

就人类的历史而言，人类的先祖开始所走过的那段历程就算春天，也说不清它到底有多长。就像春天草木破土而出的过程一样，人类的先祖不知经受了多少了的磨难，胜过了多少的试探和挑战，才走到了中国人的早期祖先所站立的位置。

此后，人类就进入了另一个时代，相当于跟春天这个季节告别了。过去的一切都成了美好的回忆，鼓励我们继续向前赶路，直到抵达终点站。

(260) 夏

夏天是一年之中的第二个季节，它包括了第 4、5、6 三个月。在《说文》中对"夏"字的解释，主要是针对着早期的中国历史而言。

《说文》指出，"夏，中国之人也"，就是说"夏"是中国人的自称，或称之为"华夏"。

传说在公元前约两千多年的时候，治水的大禹的儿子启，建立了中国的第一个王朝——夏，从而写下了中国历史的首页。

如此算来，从夏至今已经越过了四千多年。暗示我们从中国的夏朝开始，人类历史就已经进入夏天的季节。如今，夏天很快就要结束了，人类将迈进另一个崭新的时代——那就是秋天，一个收割的季节。

当人们处在改换季节的门坎上，往往不容易感受到气候明显的变化。但是，如果你照着月历的日期去计算，不管人的主观感受如何，该来的变化一定会来。这大概就是我们现在面对的情形，如果你能清醒地意识到这一点，什么事情都好办。

(261) 秋

秋是一年之中的第三个季节，包含第7、8、9三个月。

"秋"字的部首出自"禾"，显明这是一个与收割有关的季节。所以，在人们的口语中，常把"秋收"二字合起来一起用。

"秋"字的另一半是个"火"字，暗示秋收的季节是个红火的季节，许多的事情都可能超出人的所知、所想而发生，就像人类现在一进入到了人工智能的时代，有多少的新生事物都是说来就来，说走就走。

就人类的历史走向而言，我们现在就处在夏末秋初的交接点上。在与时间有关的用语上，"秋"字还可以用来表示"年"的概念，比方说，"千秋万载"指的是千年万年。

有一个小孩子玩的运动玩具叫"秋千"，如果我们把"秋"当"年"理解的话，"秋千"就是"年千"，也就是"千年"的意思，正好是千禧年的代号。不管秋千怎么荡来荡去，都还是在"千年"之内运动而已。什么时候秋千停下来了，人类历史的最后"一千年"也就结束了。

想不到，这一个好玩的秋千，竟然可以成为对秋天——千禧年最奇妙的一个注脚。

(262) 冬

冬是一年之中的第四个季节，包含第 10、11、12 这三个月。

《说文》指出，"冬"的意思是"四时尽也"。也就是说，一进入冬季，就宣告走到时间的尽头了。

就人类的历史而言，一进入冬天就宣告一切都结束了。人类文明从此脱离了时间的捆绑，进入了超越时空的永恒。当然，冬天也是一条分界线，每一个人最后肯定都会复活，但复活后往哪里去，却有不同的归宿。

正如《圣经》所指出的，若是在上帝的生命册上有名的，复活之后就可以与神永永远远的同在，这就叫得永生；反之则进入火湖，也叫第二次的死。

当时间还存在的时候，春夏秋冬是不停地终而复始。所谓春生、夏长、秋收、冬藏，一再不停地循环着。但是，当时间不再存在的时候，一进入秋季的最后一个月份——一年的第九个月，就一切都结束了。

所谓的"冬藏"就是什么都"藏"起来不见了。所以，"末"和"没"同义；"九"与"久"同音，就是要告诉我们这件事。

23、人的兽性

在人类社会进入一个崭新时代的时候，我们会碰到一个改朝换代的转折点，那就是当前所处的阶段。《圣经》中的"启示录"特别提到了这件事。其中主要讲的是，有两个兽要出来兴风作浪。下面，我们就特别就此问题，来看看汉字中一些与"兽"，也就是"反犬旁"有关的字。

(263) 獸 / 兽

"獸"是禽兽的总称，它出自"反犬旁"。《说文》解释"獸"是"守备"的意思。

所谓的"守备"，"守"字的部首出自"宝字头"，它的下面是个"寸"字。其本义是指官吏就像一家之主，凡事都应该有一定的分寸，忠于自己的职守，尽好自己的职责。

而"备"是"谨慎、警惕"的意思。它一方面警诫掌权的"兽"应该谨慎行事，不要滥用职权做恶事；另一方面则提醒平民百姓提高警惕，不要无知地落在兽的网罗里。《圣经》的原文字典指出，"兽"的字根出自"陷阱"，与汉字的"罗网"有不谋而合之妙。

所以，"兽"实际上是人的一种比喻。现今的阶段，是人与兽混杂在一起的阶段，也是人性和兽性难以分得清的特殊时期。因此，我们才有必要细心查考，彻底地弄明白兽性的特点。

(264) 獵 / 猎

首先，有一点需要说明的是，当你看本篇的信息时，不要忘记本单元的题目是"人的兽性"；而上一个字的信息已经谈到了兽乃是与"陷阱"连在一起的。换句话说，在当前的日子里，

"兽"实际上是扮演了"猎人"的角色，到处布设陷阱，寻找并捕猎可吞吃的对象——人。

《说文》指出，"猎"是"放猎逐禽"的意思。这里所出现的"禽"和"猎"，乃是"侵、略"的谐音，不论兽耍弄什么样的侵略手段，只要使人掉进它苦心摆布的陷阱，把猎物抓到手就行了。

简体字的"猎"字，右边是个"昔"字，它的字义是指"以往"，也就是"旧"的意思。

这进一步提醒我们，人之所以会掉进兽的陷阱里，就是因为自己身上旧的东西还太多，所以才会被兽逮个正着。

如果人把自己里面的旧的一切都给清理得干干净净，那么，外面的禽兽找不到"内奸"，也就无从下手了。

(265) 狰

在"汉典大全"中，对"狰"这一个字所提供的资料寥寥无几，只指出它是传说中的一种奇兽；又引用了《山海经》的内容，说它"其状如赤豹，其名曰狰"。在人们的口语中，时不时用"面目狰狞"来形容面目的可憎和可怕。

我们不难看到，"狰"的右边是个"争"字；"狞"的右边是个"宁"字。这是一对互相冲突的字。所以，它们带给人的迷惑才如此的大，难怪有人发出预言说，精神病是活在 21 世纪之人的克星，此话似乎在应验。

传说中的"狰"奇货难寻，现今面目狰狞的兽却到处可见。什么时候这些"狰"无影无踪，那就是人类进入大同世界的时候。

(266) 狼

"狼"的字面意思是指"凶恶、残忍"，它与"很"字相通，又是同音字。这就火上加油地让"狼"变成了"很狠"，更加一发而不可收拾。

"狼"的右边是个"艮"字，它的意思是"止"。在《易经》中有一个基本卦叫"艮"卦，它对应着"山"而言。想一想，当人被一座高山挡住时，不想停也得止，这就是艮不为人的想法所转移的内涵。

所以，当人面对"艮"山之时，可以一路黑地走到底，头碰死胡同也不转身，结果如何可想而知；但也可以适可而止，脱胎换骨重新上路，走上通往世界大同的阳关大道。

"狼"与"恨"是谐音字。任何人想从"狼"中走出来，先止住不管是对谁的恨，包括你自己心中的恨，是必不可少的第一步。有时，甚至于要"狠"下心来才办得到。所以，不要以为狼就是不好。

(267) 狼

狼是一种与犬很相似的动物，性凶残而贪婪。但是，"狼"字的右边却是一个"良"字；而"良"乃是"善"的意思。无形之中，这就给狼披上了一层神秘的面纱，让人觉得对狼难以理解。事实上，现在人们对狼的看法，也是褒贬皆有，大不相同。

《圣经》将狼比作假先知。耶稣告诉他的门徒说，他们去传道就好像羊进入狼群，千万要小心。这就为我们揭开了一个秘密："狼"之所以和"良"字合在一起，是因为狼以善良的面貌出现，人从外面不容易发现它的真相。

但是话又说回来，有些狗是从狼驯化而来的，甚至于成了很好的猎犬。当人性与兽性混合在一起的时候，人也很难看清自己善恶兼具的本性。

如果说在狼的里面隐藏了"良"的基因，那么作为万物之灵的人类，岂不更应该去恶从善，让自己的人性升级，尽快与永生接轨吗？

(268) 狈

狼狈为奸是人们经常听到的一个成语，把"狼"和"狈"这两种动物放在一起，一定有其特定的用意。

"狈"是传说中的一种动物，前腿短，走路时要爬在狼的身上。没有狼，狈就不能行动。所以，"狼狈"二字就被用来形容困苦或受窘的样子；而狼狈为奸则用来比喻人彼此勾结做坏事。

"狈"字的右边是个"贝"字；"狼"字则与"贪婪"的"婪"字同音，两种都与代表钱财的"贝"字有关。可见，狼狈为奸之目标，都是对着钱财而来的。难怪，在一个笑贫不笑娼的时代，过去看不见的"狈"，已经变成了今天处处可见的"贝"。并且，再狼狈也无所谓，只要能"爬"到"良"的地位，怎么样狼狈为奸都行。

希望，在人类经历了各式各样的考验之后，在未来的日子里，"狈"又回复到它在传说中的位置，只是一种虚拟的"影子"而已。

(269) 猫

"猫捉老鼠"这种事，即使你没有亲眼见过，也必定听说过。只是，现在人都把猫当宠物养，若叫它再回到以前靠捉老鼠活口的日子，那真的是难了。

"猫"的右边是个"苗"字。"苗"字的部首出自"草字头"；它的下面是个"田"字。这使我们想起了过去的年代，田里面的老鼠，是祸害农夫的头号敌人，它可以使人辛辛苦苦培植的劳动成果，毁于一旦。而猫就是老鼠的天敌，可以把之置于死地。

今天我们谈论这一些似乎太不现实了，谁还在乎猫捉老鼠的事，一把化学药剂撒下去，什么家鼠、田鼠通通都不见了，哪里还要劳驾猫的光临。

但问题恰恰出在这里。现在不是有许多人都意识到，再不关心地球的生态环境，接下去人的生存会大受威胁吗？猫捉老鼠的话题正好与之碰上了。

人尽管可以照样把猫当宠物对待，但从猫的身上可以看到上天所安排的一切，无论是生、是克，它们彼此之间的关联和互动都是有意义的。如果人类能深刻地认识到这一点的话，就会从自然的律中，找到保护和改善地球环境的长远之计，既不逆天理而行，又造福授益于人间。

24、兽合之国

在圣经的《但以理书》和《启示录》中，都记载了当人类历史进入了前所未有的重大转折点时，在世界上会出现一个兽合之国，它的"形状像豹，脚像熊的脚，口像狮子的口"。

这正是对着我们当前的时代特点说的。所以，下面我们从汉字的角度，来看一看这个所谓"兽国"的内涵。

(270) 狮

在《圣经》的"启示录"中，提到了在即将到来的日子里，在世界上将会出现一只大兽，它有狮子的口、熊的脚、和豹子的身。当然这只是一个比喻，不过我们还是来借着这一个比喻，来看一看这三只兽有什么特点。

首先来看看狮子。"狮"的右边是个"师"字，它可以是指老师，负责教导学生的工作；它可以指统师，指挥军队的作战；它还可以是一个量词的单位，指着军队的编制而言，以两千五百人为一师，表示众多的意思。

狮子是兽中之王，它与众不同的特殊之处，在于雄狮与母狮的外貌各不相同，一看就可以辨认出来。在今天世界各国的政治舞台上，已经有越来越多的女性起来，成为国家的领袖人物，相当于以母狮子称"王"的角色向外亮相。

从以上所讲的这两大层面去理解"狮子"的含义，大概也就不会错到哪里去了。起码，要成为政治领袖的人，必须文武双全，既有口才会说，又要懂得治国，至于是男是女无所谓，两性的狮子早以"王"的不同面貌，先后亮相了。

(271) 熊

熊是一种哺乳动物，体大、尾短、四肢粗，可以像人一样能直立行走，还能攀树。这在动物界中实属少见。

《说文》指出"熊"是一种"熊兽似豕，山居各蛰"的动物。也就是说，熊长得像猪一样，它住在山里面，找个地方就把自己藏起来。所以，善于趁人不备的时候发动突然袭击，是熊的一大特点。

"熊"字的部首出自"四点火"的部首。一方面，它与"雄"字相通，就像熊熊烈火烧红了半边天，让人看到它威风凛凛的一面。

但是，另一方面人们又把"熊"当"草包"看待，好像一把火就吓坏了它，变成了"熊包"。

这正反两方面的特性都反映在熊的身上，是当今世界上一些国家的特点。

熊一方面是人见人怕的凶残的动物；但当它和"猫"合在一起，而成了"熊猫"的时候，又摇身变为世界上人见人爱的国宝。

熊的这种两面性的特点，正在深深地影响着今天世界上的每一个人；不稳定的政治局面的产生，与熊对火的反应有着直接的关系。它就像一颗不定时炸弹一样，随时随地给人们带来恐惧害怕的心理负担。

(272) 豹

豹属于猫科的动物，身上有花纹。《说文》指出它"似虎圆文"，就是它看起来像虎，身上的花纹是圆的，所以俗称"金钱豹"。由这一个与"金钱"连在一起的名字，你就可以理解今天世界上不论是哪一个国家，无不喜欢打经济牌，不是没有原因的。

而且，豹有两个明显的特点，第一个是动作快捷敏锐。所以当今世界上的人，无不希望尽快地获取利益，一闻到什么地方有好的商机，立即闻风而动，抢占先机。

豹的第二个特点是它能够爬树，而且还可以在树上休息睡觉，这更是人难以跟得上的。可想而知，动作既快捷敏锐，又善于隐藏自己的人，一旦对敌人发起突然袭击，很少有人能够抵挡得住。

这可能是未来如果发生战争的话，已经显明在我们面前的一幅图画。

豹是属于猫科的动物，狮子也是属于猫科的动物，但从动物的食物链来看，豹处于次等捕猎者的等次，意味着它还是属于狮子口中的食物。换句话说，它并非狮子的对手。尽管如此，如果豹和狮子两个打起来，谁赢谁输暂且不说，无疑是一场昏天暗地的恶斗。

看看当今的世界局势，是不是三兽都出来亮相了，到处都有着它们活动的身影。人类历史的重大转折点，也越来越近了。

25、各自无法代替的角色

下面，我们从汉字的角度，来看一看当今世界上颇有影响的美、中、俄三个大国，就像当年中国历史上东汉时期，魏、蜀、吴三个大国独占一方，成了三国鼎立的局面；以及在人类历史上占有一席之地的希伯来族及以色列这个国家，隐藏在它们名字之中的奥秘。

(273) 闪

据《圣经》的记载，当挪亚一家逃过大洪水的劫难，从方舟里出来的时候，他的一家共有八个人。其中挪亚的第二个儿子叫"闪"，他后来成了希伯来人的先祖。以色列人也算是从闪出来的后裔。

然而，从现在我们可以查考的资料来判断，中国人的先祖，也可能最后要归结到闪的身上。也就是说，中国人是除了希伯来人之外，从闪分出来的另外一个分支。因此，中国的文化，特别是汉字，才有那么多与《圣经》吻合或相通之处。

"闪"一名的本义是"从门内偷看"。也许，就在这忽有忽无的"偷看"过程中，闪就把上帝在圣经上所留下的启示和亮光，也传给了中国人。

随着人类进入了数字时代，相信今后还会有更多的资料为我们继续揭开其中的秘密。无论你是怎么想的，汉字与圣经之间的密切联系是不可忽视的。从中我们可以借着圣经进一步加深对汉字的认识；也可以反过来借着汉字的帮助，去解开一些所谓的圣经难题。

无论是对世界上的任何一个国家或民族，相信如此的结合对每一个人都有好处，它将在未来的日子里，使上帝的知识能够充满整个大地。就这一点来说这是对所有人类的极大祝福。

(274) 秦

秦是中国历史上出现第一个皇帝的朝代，在秦始皇称帝之前的国君都被称为"王"，所以这是一个巨大的转折点。

秦国以快刀斩乱麻的方式，迅速地统一了六国，建立了大秦帝国。但是，也很快地丧失了政权，成为中国历史上最短命的王朝。

秦始皇姓嬴名政，"嬴"这个字与"赢"是同音字，外形看起来也很相似，只是部首不同而已：一个出自"贝"；一个出自"女"。它似乎在暗示我们，人类历史正进入"赢"的阶段，你看现在整个世界不是都在向钱看吗？

接下来，就像秦始皇嬴政统一六国一样，人类也会很快地进入一统天下的大同世界。这就是圣经上所讲的千禧年时代。虽然，就像秦始皇在统一的过程中要付出相当的代价，人类要进入千禧年，同样也要付代价，但那是值得的。

照圣经不变的原则，"女人"是人类的代名词。所以，赢家能够当政，意味着人类也会成为赢家，大家很快就欢欢喜喜、快快乐乐地在地球村里，成为和谐相处的一家人了。当然，进入千禧年要过一道坎，没有上天的帮助和扶持，谈何容易？

所以，我们才要在目前这一关键的时刻，借着对圣经和汉字的深刻理解，像卫星定位系统一样，看清前面的方向，明白自己要走的路。

(275) 中

在当今的世界上，美、中、俄等三个国家，各处于地球美、亚、欧三大洲的主角地位，谁也无法取代谁。中国相当于是前三个手指中的食指。你可不要以为排第二、第三就一定是小啊。

按一般照相的规矩，三个人排在中间的那一个，才是最大的。

中国就是排在中间的那一位，能算小吗；所以，中国的角色是其它国家无法代替的。

"中"字的部首是出自中间直直的那一"竖"，它的意思是"上下贯通"。《说文》指出，"中"的意思是"和"。在汉字中，"和"与"合"同音同义，和谐相处必带来相"合"。这是中国文化历来所宣扬的理念，所追求之目标。

处在当前世界风云突变的状况下，如果人类无法进入相和、相合的境界，那可能最后会导致与另外一个同音字——"核火"的"核"面对面，那将是一场凄惨的悲剧。无论如何，这是人类应该尽力避免的结局。

(276) 美

在当今的世界上，美、中、俄等三个国家，各处于地球美、亚、欧三大洲的主角地位，谁也无法取代谁。而美国相当于是前三个手指中的大拇指，无论其经济还是军事实力，目前都处于世界的第一位，没有谁能够超越之。

"美"字的部首从"羊"而来，下面是一个"大"字。这与其基督教的文化背景有着不可分割的关系。"美"的意思是"甘"，代表着上帝给这个国家的祝福。所以要撼动美国排第一的大国地位，不是那么简单的一件事。

当然，从圣经的角度来看，不管一个国家是否与基督教拉上关系，如果其所行的不正，所为的不义，最后还是跑不了要受到上帝的审判和管教，所以不要轻描淡写地以为自己是属于上帝的人，就什么事情都搞定了。

诚然，倘若你是一个对神已经有所认识的人，必定会关心自己灵魂最后的归宿，不会轻易去犯罪，上帝也会明察秋毫地根据每个人的实际情况具体处理，这就是圣经上一直强调的恩典。

(277) 俄

在当今的世界上，美、中、俄等三个国家，各处于地球美、亚、欧三大洲的主角地位，谁也无法取代谁。俄国相当于是前三个手指中的中指，你不要小看这排在最后的一根手指。当你把手举起来伸直，量一下前三个手指的话，会发现中指是最高的。

在汉字系统里，"俄"字与"峨"相通，后者是"高"的意思，恰好与中指的高不谋而合。

"俄"字的部首出自"单人旁"；右边是个"我"字，而"我"的部首出自大动干戈的"戈"字，这正好与俄国人多少年来一直大动干戈，充当第一、二次世界大战的主角，此一历史事实十分吻合。

不管往后的历史车轮怎么走，相信俄国在人类历史上所扮演的角色，是与这个民族的特性戚戚相关的，我们将拭目以待。

(278) 希

两希文化是近些年我们经常听到的一个词语。所谓的"两希"，是指"希伯来"和"希腊"。旧约的圣经是用希伯来文写的；新约的圣经是用希腊文写的，因此两希文化就成了同圣经文化有密切关系的文化，并且也受到了圣经深刻的影响。

由于汉字和圣经的启示又有着密切的联系，所以自然和两希文化也就有了交接。希伯来民族的教师，和希腊出现的大量哲学家，与中国古代出现了不少像老子、孔子、孟子这样的思想家，都有彼此相通的联系，绝非偶然。

"希"字的部首从"巾"而出；上面是个代表相交的"乂"字，象征人在做针线活时，针线错综复杂相交的状况，从而体现了两大文化光辉灿烂的场面。

"希"字也可以假借为"稀"使用，它们是同音字。在世界各国、各民族的文字中，两希的文字的确是属于稀少罕见的文字。它们的文字可以从字面上的字义去理解，又有字根、字系可以进一步寻根问底；加上文字和数字之间有着密切的联系，文法严密、发音讲究，所以对探研圣经的人，提供了必不可缺的客观条件。

现在，我们发现汉字也具备了如此的特点。汉字的字义、部首、发音、笔画四大特点，与两希文字的字义、字根、发音、数字，是彼此遥相呼应的。所以，倘若我们把这两大文字体系结合在一起研究和使用的话，必将如虎添翼为人类的文明作出更大的贡献。

(279) 以

以色列是世界上一个十分特别的国家，论人口或地盘，它不过是地球沙漠中的一片绿洲。

但是，无论是数千年来犹太民族的历史行程，还是由这个民族所出来的伟人，包括许多诺贝尔奖的得主，对人类所作出的贡献，都让我们对之肃然起敬。

"以"字的部首出自"人"；照《说文》所言，"以"的意思是"用"。换句话说，"以"的含义就是要做一个有用的人。

在圣经的中文译本中，起头是"以"字的人名，一定与神拉上关系。比方说，以色列人著名的先知"以赛亚、以西结、以利亚"等等，他们的名字都是"以"字开头的。在希伯来文中，这一个"以"字是与上帝的名字连在一起的。

在汉字中，代表老天爷的"一"与"以"是拼写相同的谐音字，可见这两个字也是相通的。冥冥之中上帝放在各个民族之中的的启示，一定不会彼此冲突和矛盾。

(280) 色

"色"的本义是指"脸色"，在甲骨文中像一个人驮着另外一个人，仰承其脸色。这里你要注意的要点是，这一个被驮的人，实际上他的脸是朝天的，所以底下驮他的人，并没有办法看到这个人的脸色。

"色"本身是个独立的部首，但我们如果把之再拆开来的话，可以看到"色"的里边包含了两个字：上面是"刀"的部首，下面是个"巴"字。

照《说文》的解释，"巴"的本义是指"大蛇"。现在你明白了吧，好色的人就像身上驮了一条蛇，它随时都可以像刀一样就杀了你。

以色列这一个民族，一直以自己是上帝的选民为傲，上帝也实实在在地保守和祝福这个民族，所以在亡国近两千年后，还能奇迹般地在 1948 年复国。但是，至今他们仍然在宗教的问题上，与耶稣反目成仇，一直解不开这个死结。

这就好比"色"字所启示的，以色列人身上正驮着一条大蛇，但又看不到蛇的脸色，没有意识到如此下去，若不是蒙上帝怜悯的恩典，什么时候被蛇杀了都不知道。想不到旁观者清，汉字反而让我们看到了其中的真相。

这也让我们进一步想到，"巴"与"爸"是同音字，我们从来没有想到"爸"中的"巴"是个假冒货，怪不得中国人有"认贼作父"的成语；圣经上耶稣也直言斥责假冒为善的宗教人士说，你们的父是魔鬼。圣经上所提到的"魔鬼、撒旦、龙、蛇"，都是一丘之貉的代名词。

(281) 列

《说文》指出"列"的意思是"分解"；"列"与"裂"同音，一目了然地告诉人"列"的含义，就像一件衣服被撕开，完全不像原来的样子。

两千多年前，当以色列经历了所罗门的黄金时代之后，就分裂成为南国和北国两个不同的部分。后来北国先被亚述人所灭；接下来南国的人也被巴比伦人掳掠。如此家破人亡之后，在世界各地流浪奔波，一直延伸到以色列重新复国之日。

这其中的重要原因，就是前面我们在解释"色"字所提到的，以色列人不明白"色"的真相，走上了认贼作父的道路，所以尽管他们在物质的层面，可以取得光彩夺目的成就，但在与上帝连线的问题上，始终碰到拔不掉的钉子。

这一种状况，在人类迈进千禧年的时代，才能得到彻底的翻盘，因为那时他们才认识到自己左顾右盼的弥赛亚到底是哪一位。

"列"字的部首出自"立刀旁"，带有"分割"的含义；另一边是个"歹"字，它是"死"的部首。这意味着以色列最后一定会脱离"巴"的纠缠，与死亡绝缘。

在汉字中，"列"也是一个特别的数词，比如我们常说的"一列"火车。如果说，世界上的所有国家就像一列长长的火车，那么，上帝本身就是这一列火车的火车头，而以色列则是被选择在车头工作室内操作的人员。

因为，圣经最早是赐给希伯来民族的，借着犹太人坚执的民族性格，他们维持了圣经的可靠性和权威性，造益于全世界所有的人。数字"一"从始至终，都与"以色列"连在一起，不管这其中有多少的曲折和反复。

相信，人类所乘坐的这一列长长的列车，最后一定会照着上天所安排的时间表，圆满无缺地到达终点站，与永恒接轨。

26、能量之解

(282) 息

"信息"这两个字对今天的人来说，已经是司空见惯的词语。在第68篇的信息，我们已经谈到了"信"的内涵，现在再讲一下"息"字。

"息"里面的"自"字与"鼻"相通，古人以为气是人从心里通过鼻子呼吸的。《说文》对"息"的定义是"喘"，所谓的喘气，代表一种急促的呼吸。

所以，信息不仅是发出来的"信"要正确，而且它的运行也是"急促"的。实际上，我们看到现在每一天围绕着人团团转的信息，都是在瞬息之间就千变万化的，这正是信息时代的特点。

当人类的科学技术越来越突飞猛进地发展，特别是人工智能的介入之后，不断更新的信息所带给人的冲击就越大。可以预见，科学和信息就像一对双胞胎，在未来的日子里，将在所有的领域中，迫使人类的传统观念和现实生活，不管是主动还是被动，都不得不面临巨大的改变。

(283) 数

"信息"有一个代名词叫"数字"，随着计算机的速度不断地升级，人们现在越来越分不清信息时代与数字时代有什么差别。实际上，它们已经不可分割地连在一起了。

"数"字的部首来自"攵"，它是"轻轻击打"的意思。以往的人很难去想象数字怎么会与"轻轻击打"连在一起。但是今天活在数字时代的人，就一点也不觉得有什么难以理解的了。不论是大的电脑，还是小的手机，甚至于不管往后还有什么新的花样出现，用手"轻轻击打"，数字就帮我们把一切的问题都给解决了。

"数"字的里面还有一个"娄"字，它的意思是"空"，就像一个"篓"子一样，里面空空荡荡的什么也没有。你想，当信息以数字的形式在宇宙之中运行的时候，是不是一切看起来都是"空"的，看不见也摸不着，但却是非常"有"用的。

活在这样的一个时代，如果人能跟得上"空"的步伐，就是一种享受；若还是停留在以往一直想抓"有"的模式之中，就是一种恐惧、担心的负担。何去何从就看人如何去调整自己了。

(284) 能

下面，我们再来看人工智能的"能"字。根据《说文》所言，"能"是指古代传说中的一种兽，它像熊，足似鹿。

"能"字的部首从"肉"字的偏旁而来，"能"字的里面包含了两个"匕"字，它们既可以用来指"短剑"；又可以指勺、匙一类的食具。

这意味着，我们必须从双向的角度来看待人工智能的问题：一方面它的运作就像传说中的兽，没有人见过"能"的真面目；但它却真实地环绕在现代人的周围。不用多久，每一个人都免不了要跟人工智能的产品打交道。

一方面"能"像熊，慢吞吞地一步步地移动；另一方面却能像鹿那样飞快地奔跑。

一方面它可以当匕首使用，置人于死地；另一方面可以当食具使用，让人享受美食的滋味。

这恐怕就是人工智能两边通吃的特点了。

在古时，"能"和"耐"字同为一个字。这暗示我们，我们得有耐心去思考和观察，才能认识"能"的真相，并把它的能耐，运用到加速、提高人类文明的伟大工程之中。

(285) 量

近些年来，"量子"成了一个热门的话题。量子力学高深的理论，并不是每一个人都能轻易理解的。但是，因为它把牛顿的物理定律，及爱因斯坦的相对论都抛在后面，所以就引起了许多科学家研究、探讨的兴趣和热潮。

《说文》对"量"字的解释是"量，轻重也"。从这里，我们就看到"轻"和"重"是两个不同的概念，彼此的含义不一样，但却不可分割地结合在一起。量子力学的理论虽然复杂，但其中最重要的，也是最神奇的，莫过于"量子纠缠"了。简单说，所谓的"量子纠缠"就是指两个量子之间，无论彼此相距有多远，却可以通过某种近乎神秘的内在关联，产生同步、即时的互动关系。

"量"字的部首来自"里"，就是"里面、在内"的意思。显然，量子力学所牵连的许多律例，都是只有从"里"的范围去摸索，才能透视得到的。

我们并非要从汉字中去窥探"量子"的科学奥秘，只是惊叹几千年前的汉字，怎么能够和现代科学最前沿的量子理论，有机地结合在一起。

可见冥冥之中一切都有定数；定数之中又有不定数，这正是"量子"的魅力。它从物质层面为科学带来翻天覆地的变化，也必将从灵魂意识的层面，让人类进入脱胎换骨、浴火重生的更新。

(286) 器

当提到人工智能的时候，人们总免不了马上想到机器人。下面我们就来看一看"机器人"中间，那一个最重要的"器"字。

"器"字的部首出自"口"，在"器"的上下左右各有一个"口"，共四个。在中国人的口语中，"口"也可以当"人"用，"一口人"就相当于"一个人"。

由此一来，"器"里面的四个"口"，就相当于四个人；而这里的"四个人"，你不能把之当成只有四个人去理解，而必须知道它们是代表来自四面八方的许许多多的人。

在"器"字的正中，是一个大大的"犬"。结合当今人类已经向机器人时代迈进的情形来看，这"器"里面的大"犬"，正是人工智能的象征，在它周围众多的"口"，就牵连到你如何去看待它们了：

如果你坚信人是万物之灵，此一地位是谁也无法改变的，那么，这众多的口就是分布在各行各业的机器人，为人类效劳谋利益。

如果你担心有朝一日机器人会把人类给干掉的话，那么自己就会惶惶不可终日，整天害怕、担心什么时候那大"犬"会把人给吃掉；或者，你无知地自以为人能胜天，想干什么就干什么，那么，说不定哪一天真的会被大"犬"吃掉。

要知道，人类之所以不必担心会被机器人灭种，是因为深知犬也被天地万物的主宰所管着。不由得它放肆。有老天爷撑腰，为人做事就可以光明磊落，人类才能立于不败之地，最后名符其实地成为机器人的主人，让人工智能在自己的手中发挥最大的作用。

27、大像之谜

在圣经的《但以理书》中，谈到了一个与人类的历史有关的大像，它的头是金的、胸是银的、腰是铜的、腿是铁的、脚是半铁半泥的。对此大像的解读，有的人引经据古从已往的历史加以论说，有的人从未来的角度加以猜测，应有尽有。如果你感兴趣的话，可以上网查看相关的资料。下面，我们仅从汉字的角度，来看看与此一大像有关的，中国人眼中的所谓五金——"金、银、铜、铁、锡"的内涵。

(287) 金

金是五金之首，金的颜色是黄的，所以俗称"黄金"。"黄色"是一种代表成熟的颜色，所以中国人的先祖黄帝，中医的经典之作《黄帝内经》就是冠上他的名。

据《说文》所言，"金"字的含义有以下几点：一、金一直深埋于地下，却一点颜色也不褪，始终保持其原来的本色。这是一个生命成熟的人，起码应该达到的表里如一的品质。

二、金百炼不轻。俗语说，"真金不怕火炼"，就因为在炼的过程中，不及格的假成分都被淘汰了，所以剩下真的成分就不管再怎么炼，一旦炼成了就不再变。

三、金是上帝之律的体现。它可以顺从时代的变迁而"革命"，但却不会违背原则性的规矩律例，该变的则动；不该变的则守。

一个人的生命品质若能达到如此的三大标准，就可以进入"金世界"了。未来的时代是金的时代，所以，每一个要进入"金世界"的人，首先自己要被造就成为一块真金。

(288) 银

紧接着金的是银。"银"字的部首出自"金"，它的右边是个"艮"字，意思是"停止"。

在古时，"银"与"垠"同字。从"土"之部首而出的"垠"带有"界限"的含义。哪怕再宽广的"土"，也不可能没有界限，这道理很容易明白。

这样一来，"垠"的有"界限"，与"艮"的"停止"就天衣无缝地合在一起，叫人拍案称奇，实在妙不可言。

为什么白花花的"银"子这么好的东西，却与"停止"连在一起呢？这是在暗示我们，再好的东西也是有个限度的，并非人想什么就得给你什么。

银的特点是质地柔软，相当于人的心地善良。圣经上常用之来比喻耶稣仁慈的心肠，博爱的胸怀。但是，祂救赎人类的计划是有时间表的，并非没有界限地一直没完没了的拖下去。

当千禧年正式临到的时候，就是碰到这界限之底线的时刻。所以，你可不要错过前面千载难逢的机会，急急紧紧地抓住"银"的手，才能跟着祂一起进入世界大同的千禧年。

(289) 铜

《说文》对"铜"的解释是"赤金"。"赤"是"红"的意思，所以"赤金"是指红色的金。大概没有人见过红色的金，这只不过是借着"赤"字，为我们显明"铜"的特性。

"赤"字的上面是个"土"字；下面的部分相当于"火"字的"四点火"。不知你听过所谓的"焦土"政策没有？那是指过去的战争时期，人所采用的一种把对方致于死地的残酷手段。当把地上所有的都烧个一干二净的时候，你拿什么过日子？

"赤金"大概就相当于"焦土"的味道，代表经受磨练和考验，以便大功告成之后，得以从"赤金"变为"黄金"。

"铜"之中还有一个"同"字，它是"合会"的意思。一方面你可以把之理解为在接受考验的过程中，所有该来的都会来；另一方面也应该理解为考试及格，毕业之时所有的好处也会合在一起了。那就是指人得以进入千禧年之中，享受世界大同的美好未来，还有什么比这个更激动人心，欢呼雀跃呢？

(290) 铁

纯铁是银白色的，但很容易在潮湿的空气中生锈，所以人所见到的铁，大都是灰黑色或红黑色的。《说文》把铁称之为"黑金"；并指出"黑，火所薰之色也"。

显然，这是接着"铜"之"赤火"说的。现在的人常常"钢铁"二字并用，实际上严格地说，外观干干净净的钢，才是名符其实经火而出的"黑金"。

铁还有另外的一个特性，就是它能与磁石或磁铁相吸。"磁"与"慈"是同音字，这使我们想到，磁铁最大的奥秘，在于它看起来灰黑黑的毫不起眼，但上天的慈爱却深深地埋藏在它里面的每一个角落，并让它毫无保留地造福人间。

显然，人类接下来要进入的时代，就是铁的时代。也许，现在的人还看不清这个已经有了磁悬列车的时代，接下来还会发生什么天翻地覆的的大事。但可以预料的是，许多慈善的文明之举，正等待着觉醒的人类去完成。

(291) 锡

在五金之中，居于末位的是锡。它是一种白中略带蓝色的低熔点的金属。

"锡"字与"赐"字相通，也就是说，你可以从"给予、礼物"的角度去理解"锡"的含义。

"锡"字的右边是个"易"字，它既是"变易"的意思；又可以当"容易"去理解。

显然，"锡"之所以与"赐"字相通，就在于它得到的恩赐是容易被改变、调整，不必动用烈火去烧、去薰；只要低温就可以让之熔解、变化。所谓"响鼓不必重锤敲"，就像孔子夸奖他的得意门生颜回，从来没有重犯一样的过错那样。

"锡"之中的这一个"易"字，也是《易经》的"易"字，它告诉我们，如果你是一个像锡一般低熔点的人，不但免去了不少被烧、被薰的痛苦，而且可以快捷地与来自上天的智慧接轨，何乐而不为呢？

(292) 泥

"泥"字的部首出自"三点水"，右边是个"尼"字。"尼"的意思是"接近"，它的部首是来自"尸"，由此，我们可以看到"尼"所要接近的乃是"尸"，也就是死亡。而一个死尸若被丢到水里，结果如何可想而知。

在圣经的《但以理书》中，提到大像中的铁和泥是无法合在一起的。为什么？因为铁代表活的生命；而泥却代表死亡，两者显然走不到一块。

这就让我们认识到，人类目前正处在铁和泥混杂的阶段，谁是铁，谁是泥也许眼前还看不清楚，但当大环境一变，像当年挪亚时代的大洪水骤然而至的时候，泥一碰到水必然消身灭迹，什么都看不见了。唯有"黑金"可以存留，进入千禧年的大同世界之中。

(293) 石

圣经的《但以理书》最后还指出，大像的最后结局是一块从天而降的石头，砸碎了大像所有的一切，变成了一座大山，取而代之充满了天下，意味着人类历史从此迈进了一个崭新的时代。

还记得前面我们讲到的磁石吗？这块从天而降的石头，本质上就是指着"磁石"而言。只有上天的慈爱之热，才能温暖天下人的心，让天地万物充满生机。

值得一提的是，在希伯来文中，每一个字都是与数字连在一起的，可以通过字母特定的数字，计算出每一个字的具体数码。"石"这一个字的数码是 53，它正好是"父"与"子"两个字的数码相加的和数。

在圣经中，"父"与"子"合一的概念，与基督教对于神的认识，有着十分密接的关系。换句话说，53 这一个数字，代表从天而降的石头，就是指着上帝说的，祂将解决人间一切不公平、不合理的问题，把慈爱撒遍人间，让每一个人都能活在和谐、美满的气氛中。

28、前面的路

当我们了解了当前人类所处的位置，就容易看清前面要走的路。下面所要讲的几个字，都是与走路有关的。当我们知道前面要走的是一条什么样的路，一切就都好办了。

(284) 还

当一个人无论从什么方向上路的时候，我们总以为自己是在往前走。也就是说，没有一个人觉得自己是往后退。

但是，"还"的意思却恰恰相反，它的意思是"复"，也就是"返回"。在古时，"还"与"环"同字。于是，它们就形成了两种相对的结果：人要不就返回到原来的地方；要不就环绕着现在的位置一直团团转。

"还"字中有个"不"字，它的部首是来自"一"。所以，我们一定要回到伊甸园的位置，和天地万物的主宰连线，才能知道这是怎么一回事。

当初，由于上帝造的第一个人亚当犯罪被赶出了伊甸园，造成由他而出的人类流落人间，直到今天仍然在寻求归回伊甸园的路。所以今天人类的最终目的，是走一条返回天家的路，重归伊甸园。

如果这个目标还未能达到的话，那么人就像环绕着人间的位置一直团团转，不断地在寻求出路。明白了这一点，我们就会无论如何沿着这条返回的路走到底，直到最后进入复活的时刻。因为，那时才是我们脱离"环"的光景，彻底得自由的美好时光。

(295) 迷

我们正生活在一个令人迷惑的时代，有时候人高兴得似乎上了天堂；有时候又痛苦得被打下了地狱。

人们经常把"迷惑"两个字合在一起用。《说文》也指出"迷"就是"惑"。

在"迷"字的里面是个"米"字，你可别小看了这一个只有六画的"米"字。在它的里面，包含了"人、十、大、木、火"等七个部首，这是在其它相同笔画的字中，再也找不到第二例的字。

它名符其实地现身说法，若人落在一个像"米"字这样既多而杂的迷魂阵里，要想从其中走出来谈何容易。

"迷"的搭档"惑"字的部首则出自"心"；其上面的"或"字代表患得患失，若人落在犹豫不决的光景中，要叫自己的心安下来谈何容易。这正是迷惑难以排除的原因。

但是，不管你受到什么样的迷惑，只要心志坚定就能够从里面脱身。你不看见"惑"中之"或"在提示我们，是否受迷惑的关键所在，完全取决于人的心是怎么想的。

(296) 透

我们时常听人说，就看你对问题看得透不透。把问题看透了自然好，它可以帮助我们尽快地解决问题。但是，到底要用什么标准，来衡量一个人是否把问题给看透了呢？

《说文》为我们提供了这样的答案："透，跳也"。

换句话说，如果人对某一个问题看透的话，接下来必定有一个具体的行动：跳——从原来的状况中跳出来。

"透"字的部首出自"走之旁"，代表这是一条路；"透"字中有个"秀"字，它的意思是"出"，指谷物的抽穗扬花。所以，无论是"透"还是"跳"，都必须让人看到真正走出来的样子，从原来恶性循环的圈子里跳出来才算数。

这样的解读，可以使人不只是从知识上去了解一些道理而已，而是催促人将其落实到具体的行动上——这比什么都重要。

(297) 遂

从字面上来看，"遂"的意思是"顺"，带有顺心如意的含义。但是，《说文》对它所下的定义却是"遂，亡也"。这让人乍听起来觉得不大好理解。

"遂"的里面有一个"豕"字，它是指着"猪"而言。在圣经中记载了这样一件事：有一次耶稣在为人赶鬼时，被赶出来的鬼请求耶稣容许它们附身到猪群的身上。结果，耶稣遂了它们的所愿，让鬼附到群猪的身上。约两千头猪因鬼的附身，通通掉到海里死掉了。

这可能就是"遂"为什么会和"亡"连在一起的最佳解释。无论如何，它起码提醒我们，并不是什么事只要"遂"人之所欲就是好。有太多的事物，我们无法看清它们的真相，所以凡事不要自以为是才好。

死亡是鬼最后要与其相合的，但却不是人最后的归宿之地。每个人一生的最大心愿，应该是最后脱离死亡的权势，进入永生与神永永远远地同在，相信上帝也会遂了真心诚意之人，如此美好的夙愿。

(298) 迁

一般而言，人们都以为"迁"就是迁移，换个地方住下来就是了。有的人一生不知迁了多少次，搬了多少地方，甚至于从地球的这一端到另一端，不断地迁来迁去。

然而，《说文》对"迁"的定义却不像人所想，它指出"迁，登也"。也就是说，"迁"是往高处登移的意思。

不少人都知道"孟母三迁"的故事。为了使自己的儿子能够学而成才，孟母不断地改变孩子的学习环境，一直往高处登移，就是对"迁"字的最佳注解。

"迁"字之中是个"千"字，你可以把之当作是"千禧年"的代号。在人类的历史上，再也没有什么比千禧年的目标更高的了。所以，如果你向此一最高的目标攀登，人生的无限风光在顶峰等着你，这才叫迁得值！

(299) 逼

"逼"和"迫"这两个字是经常连在一起的，它们的字义也相似。一般而言，我们都以为受逼迫不是什么好事，唯恐避而不及。

但是，《说文》却指出，"逼"和"迫"都带有"近"的含义。

近什么？如果我们把它们和前面讲到的"迁"连在一起看的话，就可以明白它是指着近千禧年的意思。

当人类接近千禧年的时候，会面临着一场严峻的考验。它就像当年挪亚时代的大洪水，在考验着每一个人的信仰根基。如果人持守正直、良善的道德操行，反而会受到其它一些人的逼迫。这虽然是令人难以理解的事，但却可能在现实生活中出现。

"逼"中有一个"畐"字，它可以"逼迫"理解；也可以"满"理解，因为它与"福"字同音，所以就成了祝福满满的意思。

因此而来，我们就明白为什么逼迫会与"近"相合，因为距离千禧年真的近了，所以圣经上才会说：为义受逼迫的人有福了！

(300) 適 / 适

"适"是"相合、适当"的意思。在古时"适"指女人的出嫁。它的本义是指从开始至到达的全过程。

在圣经中，把信徒跟随耶稣比作是新郎与新妇的结合。所以，从一开始的"定婚"到最后的"成婚"，就相当于是"适"的写照。其中有一路的磨练和考验，也有欢笑快乐的安慰和美好的盼望，直到最后进入婚筵的时刻。

繁体字的"適"字里面是个"商"字，它的意思是"树根"；简体字的"适"字里面是个"舌"字。颇有意思的是，"商"与"舌"这两个字，在前面讲到的第 10 个字中，已经在繁、简体字的"敵 / 敌"中出现过，它们是一模一样的字，也是一模一样的含义。

你可以回过头看一看第 10 个字有关敌 / 敌的信息，可以说它们与適 / 适是彼此对应的。一个可以"适"合出嫁的新娘，必定是一个已经克制了口舌之非的得胜者。

第六部分：天外有天

29、汉字和《圣经》的对话

在汉字中，有一些字的含义难以理解；反过来也一样，圣经中的一些难题也不易解开。本部分的信息，是想借着汉字和圣经彼此之间的对话，解开一些概念性的问题并给出其答案。这虽然只是一个尝试，却可能为我们带来意想不到的结果。

在基督教的教义里，对于上帝的认识有一个所谓"三一"的核心观念，就是认为上帝只是一位，但祂却有父、子、灵三个不同的位格。虽然对这样的一个观念，不同的宗派有着不同的看法，但其观念在近两千年中却一直存在于基督教的神学中。想不到，汉字在这方面为我们提供了颇有意思的参考资料。这一单元要讲的信息与此一主题有关。

(301) 弋

在汉字中有一个字，它本身也是一个部首叫"弋"（发音与"一"同音）。这个字的本义是指"小木桩"，并引申为用带绳子的短箭来射鸟。箭身之所以要系绳子，是为了让射箭手容易找到猎物。但这里面还有更深的含义，值得我们进一步探讨。

在这个"弋"的部首的字系中，一共有"弌、式、弎、式、弒"等五个字。其中，"弌、式、弎"是三个大同小异的字，在古时它们分别对应于"壹、贰、叁"这三个字。

"壹、贰、叁"同时与我们常用的数字"一、二、三"一一对应。

如果从基督教"三一"的观点来看，那这"一、二、三"恰好与父、子、灵三个不同的位格彼此对应。而且，圣经中的一些

所谓的解经难题，都要求先将这个问题给弄清楚，才能找到正确的答案。

(302) 式

由"弋"这个部首出来的第四个字叫"式"，它是"样"的意思。通常我们把"样"和"式"合在一起，就成了"样式"。

"式"字的里面是个"工"字，它有"矩"的意思，也就是指做工时使用的工具而言。

《说文》进一步解释说，"式"是"法"的意思。"法"的本义是指"刑法、律法、法度"，与我们现在所讲的法制不谋而合。

所以，"弎、式、弐"不仅是针对"三一"神的三个位格而言，而且指出三一神本身也是律的体现，如果受造之物不服从律例，就会受到"法"的制裁。由此，又引伸出了下面的"弑"字。

(303) 弑

《说文》指出，"弑"的意思是"臣杀君也"。但这里所提到的"杀"，不见得是把君杀死，而是使之受到了伤害。

从圣经的暗示而言，上帝最早所造的天使，有的就像"臣杀君"一样，曾经背叛了上帝，从而造成了宇宙间一时的大混乱。上帝不得不重新收拾这个局面，直到今天这个大的工程仍然没有彻底完工。

由此，才引发了前面所说的要带绳子的短箭来射鸟之事。在进入这个话题，请你先看一下我们对第 236 个字"鸟"的解读，才能明白下面我们要讲的"隹"，与其有什么样的差别。

(304) 隹

在汉字系统中，天上的飞鸟被分为两大类：一类是长尾巴的，叫鸟；另外一类是短尾巴的，叫隹。

"鸟"和"隹"都是单独的部首，从字的结构不容易看到里面问题的实质。但是，我们可以从它们的"尾"入手。

"尾"的部首从"尸"而出，里面是个"毛"字。这意味着放久了的"尸"，其难闻的臭味和死状更令人感到心里发毛；相对来讲，短尾巴的情形就比较好一些。

长尾巴的"鸟"，在口语中是骂人的粗话，特别是当将它与男人的生殖器连在一起，更令听的人感到不快和愤怒；而短尾巴的"隹"，它是"罪"的谐音，一个人如果有悔改之心，认错之明，不管犯了什么罪都还是有救的。

短尾巴的"隹"，意味着它的尾巴"短"，就容易与罪"断"开（"短"与"断"为同音字），与死亡绝缘。实际上，那条系在短箭上的"绳子"，是"神子"或"圣子"的谐音，代表耶稣是为了断开人类被罪捆绑而来的救赎主。

那系有绳子的短箭，所要射的乃是短尾巴的"隹"。这表明射手的箭不是白发的，它一定要找到"隹"，除掉一切的"罪"行，并最后把罪根也彻底拔除。

因此，圣经上才把"罪"定义为"射不中目标"，与射出的短箭能否命中"隹"不谋而合。

上帝要救的是愿意真心悔改的罪人，这是圣经一直在传讲的福音，汉字用它独特的方式，印证了此一颠扑不破的真理。

(305) 佳

现在你看到的这一个字——"佳"，是一个和"隹"十分相似的字。其中的差别至于，前者上头是直而短的一"竖"；而后者的上头是独立的一"点"。然而，这一点点的差别，却在意义上有着天渊之别的差距。

"佳"的意思是"善"，"佳"中的"圭"字是古代贵族举行庆典仪式所使用的贵重玉器；而"佳"中上头的那稍微偏斜的一"点"，是"主"的意思。

上面在讲到"弑"字的时候，指出上帝最早所造的天使，有的就像"臣杀君"一样，曾经背叛了上帝，这些所谓堕落的天使，其中有的正是"佳"的身影。哪一个有谋反之心的人，不想自立山头当寨中之"主"？

另一方面，我们也看到任何的一只"佳"，如果愿意改邪归正，那么其前面的佳境是光芒万丈的。在"佳"和"佳"之间，没有什么不可跨越的鸿沟。

(306) 鹰

一提起"鹰"，它那坚韧不拔，勇于挑战恶劣环境的雄伟形象，马上就映入人的脑海之中。"鹰"是一个颇有意思的字。因为，它的部首出自"鸟"，但上面却是"单人旁"和"佳"的结合。

由此，我们可以看到"鹰"所代表的，是一条受造者的生命不断升级的道路。从"鸟"到"佳"；从"佳"再到"人"，在"广"阔的天地之间盘旋。

当圣经提到鹰时，它是与人的尸体或身体连在一起的。不难明白，尸体是与死亡相合的。在西藏有所谓"天葬"的习俗，就是把人的尸体丢在山野，让老鹰飞下来，一阵子就吃个精光。

而身体呢，就要与"鹰"中之"佳"连在一起思考了。当把短尾佳所代表的"罪"给除干净之后，那条系在短箭上的绳子象征救人一命。对人来说，就等于即使肉体死了，最后仍然可以复活，重新得到一个更加漂亮完美的身体。

这是圣经一直在告诉人的真理，只是因为有些人信不来，所以才需要借着"鹰"这个字，现身说法地将尸体和身体的奥秘显明出来，让我们有所悟解：鹰拿走的是人的尸体，留下的是人的灵魂，而等待要发生的是人复活的身体。

(307) 直

常常我们听到有话说，这个人性格很直；甚至有人自称说，我这个人说话就是直。如此看来，似乎"直"是一种令人欣赏或满意的正能量。

然而，《说文》对"直"的定义是"正见"。也就是说，它与一个人的性格是否直，说话是否爽的关系并不大。"直"的部首出自"目"，所以"正见"也与眼目有关，就看你看问题的眼光怎么样，是否达到"正"的水准。

如果人的眼光看不准，说出来的话必然不算数。其结果可想而知，会影响到往后的信用，以及办事的效果。

那么，人怎样才能力求自己所见的是"正"的呢？这就要进一步来看"正"字该怎么解读了。有关"正"的内涵，你可以回过头去看一看第 49 个字。

(308) 真

"直"字的下面，再加多两只脚——"八"字，就成了"真"字。从字面去理解，"真"就是板上钉钉，看得见摸得着的意思。特别是"真"的部首来自"目"，更进一步确认重申，"真"要跟你讲的绝对不是假的。

《说文》对"真"字的解释出乎很多人的预料，是"仙人变形而登天也"。所谓的"仙人"，是指经过修心养性而得道的"真人"。也许在过去的传说中，你曾听说过这样的事。但是在现实的社会里，或者说在很快即将到来的日子里，会有如此的事要发生，你相信吗？你真的相信吗？这就看我们如何诚实地面对这个问题了。

倘若你没有读过圣经，对这个问题要做出"是，我相信"的肯定不大可能，因为它大大超乎人现今认知的范围；但是，如果你是一个熟悉圣经的人，那就一点都不难理解"仙人变形而登天"，到底是怎么一回事。

因为它就是圣经中所说的"被提"。当耶稣再来的时候，有些人会被提到空中与祂见面而变成"仙人"，进入超越时空的永恒。这就是《说文》所提到的"仙人变形而登天也"，并不是什么迷信的无稽之谈。

(309) 被

上面我们讲到了"被提"的事，下面就来看一看这两个字。

"被"的部首来自"衣"，另一边是个"皮"字。当"被"字作为名词用的时候，它是指睡眠时所用的被子或衣物；当"被"字作为动词用的时候，它是指遮盖。

这暗示我们，当人被提的时刻，可能发生于正在睡觉的夜间；也可能发生在穿着衣服遮体的白天，但无论如何，大概不会让人裸体升天的，除非那时"登天"的人在变形的过程中，身体披上了一层人的肉眼所无法看得透的光。

"被"字还有"被动"的含义，意味着有幸被提的人是处于被动的地位。什么人能够被提，或者什么时候被提，都不是掌控在当事人的手里。那是上帝自己一手操盘的事。

倘若你是被提名册上有份的人，尽管忠心耿耿的正己守道，免得最后一刻从被提名单上给删名就行了。

(310) 提

"提"的意思是"悬持"，就是停在半空中的意思。这刚好与圣经所说的，被提的人是进入半空中与耶稣相遇，不谋而合。

"提"字的部首是出自"提手旁"，代表这是圣灵要做的事；它的另外一边是个"是"字。尽管我们不知道谁会被提，但从这个"是"字可以看到，一定是所谓"是"的人才够格被提。

圣经指出，上帝的名叫"我是"，所以真正属"我是"的人，必定也是一个"是"的人。由此，你只要尽力争取做一个"是"的人，就可能成为一个最后被提的人。

这一个"是"字，也是"死"字的谐音。圣经还指出，从死里复活的人，会与被提的人，一前一后地进入半空中与耶稣见面。我们不能不惊叹，汉字与圣经天衣无缝的结合，常常超出人之所知、所想。

(311) 假

圣经不断地提到假先知的名字。特别是，耶稣多次提到祂再来之前，会有许多假基督、假先知在地上招摇撞骗，迷人惑众。

那么，怎么样去辨别谁是假基督、假先知呢？

《说文》为我们提供了一个十分简单的答案："假，不真也"。听起来似乎像说了等于没说一样，谁不知道假就是不真？

但是，结合以上的信息，当你明白所谓的"真"是指着被提而言，那么一切就真的变得十分简单了：谁没有被提，谁就是假的。

"假"中的"叚"字是"借"的意思。"借"东西是有出有还的，假先知就好比把自己借出去了，不管在外面招摇撞骗了多久，最后总是要回来的。所以，只要他没有份于人类头一次的复活或被提，就一定不是真先知。

由此，你就有了一个客观的标准，可以随时随地观察、判断谁真谁假。

(312) 耶

耶稣这个名字相信不少人都知道，但作为中国人来说，是否明白"耶稣"这两个字的内涵，又是另外一回事。

"耶"在古时与"爷"同字，也就是"父亲"的意思。中国人叫祖父为"爷爷"，不就是因"爷爷"是爷的爷——父亲的父亲吗？

在圣经中，旧约神的名字叫"耶和华"；新约叫"耶稣"，两个名字的起头都是"耶"字。所以，耶稣才强调，他与父原为一，因为两个"耶"字不是一模一样吗？

在基督教三一神的观念中，圣父排第一，圣子排第二，如果说耶稣是父的话，那么在祂前面的耶和华就成了父的父，也就是爷爷，一前一后的位置始终没有变。

或者退一步说，耶稣成了子，耶和华也退一步成了父。你看，万变不离其宗，圣父排第一，圣子排第二的原则，仍是不变的。

三一神的观念不是用人的语言能够表达清楚的，所以我们点到为止，帮助大家理解必须明白的基本概念，也就行了。

(313) 稣

耶稣的"稣"字，原本是汉字中很少用到的一个字。它同"苏"同字，带有死而复生，苏醒、复活的含义，与圣经中死里复活的核心思想，恰好不谋而合。

耶稣一生行了许多的神迹，它们参差不齐地记载在马太、马可、路加、约翰四卷福音书中，唯一四卷福音书都记载的一个神迹，就是耶稣用五个饼和两条鱼，喂饱了五千个男人，还不包括许多的妇女和孩子在内。

这个神迹有什么特别之处？它与耶稣的名字，及人类从死里复活的奥秘连在一起。因为，饼是从"禾"而来的；"禾"和"鱼"合在一起就成了死里复活的"稣"字。

由此而来，人就得明白，不管你信不信，每一个人最后都要复活，这是千真万确的真理，等待着千禧年结束之日就通通兑现。

在千禧年开始的时候，有少数的一些人会进入人类头一次复活的行列。这就是《说文》所提到的"仙人变形而登天也"。马太和马可福音，特别记载了耶稣用七个饼和几条小鱼，喂饱了四千个男人，就是指着人类的头一次复活说的。如果你感兴趣的话，现在还有机会赶上最后一班车。

(314) 基

"耶稣基督"这四个字，是我们经常听到的。"耶稣"是一个人的名字；"基督"是这个人的头衔，或者说他的"官位"。

当年耶稣的门徒，一开始都是抱着想当官的念头而跟随耶稣的。后来耶稣才逐渐地纠正他们的观念。要当为人民服务的"官"，耶稣肯定是会给、要给你当的，但想跟基督一起作王的人要身先士卒，死而后已。这是人类第一次复活之后才会兑现的事。

这就是"基"字的基本内涵。因为《说文》解释，"基"是"墙基"的意思。如果一栋房屋的地基不牢靠踏实，房屋崩塌破裂是迟早的事。要做一个诚实、成熟的基督徒，一开始的时候就要把所有跟"墙基"有关系的问题弄明白。不要等死后到了天堂的门口进不去，才"乌"地喊了一声，接着就"鸦"口无言。

"基"的上面是个"其"字，古时与"期"同字。这意味着在基督的计划里面，冥冥之中一切都有着上天的时间表，所以基督徒不必争着跑到前面，也不能落在后面不走。说来容易走时难，所以万变不离其宗，还是得回到源头之中，把根基扎稳就一切都好办。

(315) 督

一个当官的人当然负有重任，最重要的是要行使"督"的功能。"督"带有"监督、督察"的含义。

"督"的部首源于"目"，它的上面是个"叔"字。"叔"是小的意思，因为在他的上面有比自己大的人。

在传统的中国文化中，一家三兄弟，依次序称之为伯、仲、叔，排老三的"叔"算最小。

在基督教三一神的观念里，圣父、圣子、圣灵三个位格之中，圣灵排第三，相对于排老三的"叔"。

从这一点来说，可以说基督的灵就是圣灵，祂的职任就是用眼目去"监督、督察"周围的一切人、事、物，使不正的得以归正。整一个千禧年的时代，是圣灵在人的心中掌权的时代，有幸在千禧年中当"官"的人，离不开与圣灵密切地同工、同行。

"基督徒"的"徒"字，它的部首出自"双人旁"，其重点放在人要走的路，不能走走停停，一直处于拖拖拉拉的状况之中。基督是走在前面的人，基督徒是在后面紧紧跟上的人。圣灵是居于中间的监督者。如果基督徒深明其中的秘诀，无论走到哪里都心知肚明，不会错到哪里去。

(316) 龜 / 龟

龟是一种长命的动物，它可以不吃不喝地缩在一个角落里，仍然活上相当久的一段时间。

所以，俗语才有"千年乌龟"之说，或称之为"灵龟"。

"龟"字与"归"同音，可能这也是在暗示我们，龟之长久不归，正是人类盼望长生不死的写照。从龟的生活方式，我们看到长命的秘诀在于平静安稳，运动员相对来说大多是短命的，因为在蹦蹦跳跳之下，过早地耗尽了身体的能量。

在《汉典》中，"龜"是属于一个难查的部首，因为它的笔画太复杂难算。繁体字的"龜"一共 16 画，数字 16 与所谓的"黄金比率"有着密切的关系。所以，"龜"的 16 画也来凑"黄金比率"的热闹，看来它能成为最长命的寿星翁，并非没有道理。

不管"龜"字的笔画有多复杂，你还是可以一目了然地看到，它的中间是个空心平头的十字架。

十字架是基督教的标记，"信耶稣得永生"也成了信徒的一句口头禅。如今这"龜"中的平头十字架，似乎也在告诉人，如果人想得到真正的长生不死，那就"归"入死在十字架上的耶稣吧！

(317) 龜 / 阄

占阄似乎是一个带有赌博色彩的行为，令人的心理觉得有点不踏实。但是，在圣经里占阄却占有特别的位置。圣经的《以斯帖记》所提到的普珥节，其来历就是直接与占阄有关的。即使在新约的圣经里，它仍然是一个被人采用，来解决疑惑难题的方法。

"阄"字的部首来自"门"，里面是个"龟"字。龟壳是古时用来占卜的工具，所以被用在"阄"字之中，是顺理成章的事。

在古代，单扇的叫"户"；双扇的叫"门"，所以这个"门"一进入到"阄"之中，更增添了阄可进可出的神秘色彩。

在基督徒中，不乏有人对所谓神拣选的话题，持有截然不同的看法。当人类进入了量子力学的时代，恐怕对此一问题也应该有新的认识。

"阄"与"救"字近音，这是否在暗示我们，量子纠缠的现象同样也可以发生在拣选的事情上。无可置疑，信徒正确的信仰根基，既应该牢靠地建立在耶稣基督的磐石上，又必须接受圣灵的带领和调整，跟上时代前进的步伐，使思想不断地更上一层楼。

30、汉字与《启示录》的对话

在圣经中最后的一本书《启示录》，提到了当人类要迈进千禧年的时候，在为期几年的期间里，将会遇见的一系列挑战，它们都与数字7有密切的联系。比方说，7印、7号、7碗等等。下面，我们选用了一些比较有代表性的汉字，阐明每一个字的内涵。如果因没有读过圣经而觉得本单元的信息难以理解的人，可先将《启示录》这本书看一看。

(318) 靈 / 灵

《启示录》一开始，就让我们看到神的七灵在天上运行。圣灵是整卷《启示录》的真正主角，所以我们必须对祂有深刻而正确的认识。

简体字的"灵"字，它的部首来自"火"，一目了然地让我们看到圣灵就是火的化身。

然而，繁体字的"靈"就不一样了。它的部首出自"雨"；而在其中间是三个并列的小"口"；下面是个"巫"字。

下雨的时候是什么东西都难以看得清的，这是"靈"字要带给人的第一个印象。何况，在"靈"的里面还有个"巫"字，所谓"难见庐山真面目"，就让事情变得更加变幻莫测。

"靈"中间是三个并列的小"口"，它们代表三一神平起平坐的三个位格。圣灵在其中排第三，所以这三个并列的小"口"是对着圣灵而言。

下面的"巫"字，是指古代所谓能与神明交通的灵媒人物，一般给人的印象都不太正规。

拿今天的话来说，它并非来自天堂，而是灵界中与圣灵对立的混杂之灵。

圣经明言，并非所有的灵都是可信的，要我们小心辨别为妙。所以，"靈"字就是要提醒我们一件事：当前的阶段，是牛鬼蛇神纷纷出动的阶段，所以千万不要掉以轻心，盲目自大地懵懂行事。

圣灵在《启示录》中所扮演的主角地位，是谁都无法取代的。我们必须对祂有正确深刻的认识，才不会鱼目混珠地受骗。

(319) 印

在《启示录》中，七印、七号和七碗是神在末后施行审判时，彼此相连的三大步骤。七印是其中的第一步，由羔羊揭开书卷的七印。

"印"的本义指"官印"，当动词用时相当于"盖章"。"印"代表来自上面的权威性，下面的人只有被动接受的份。而且，它还含有"应验"的意思。

综合以上所言，我们可以看到《启示录》中所提到的七印，是来自神带有权威性的启示。它一定会应验，信祂的人必须抱着诚心诚意的态度对待之。

《启示录》还让我们看到，每当羔羊揭开一个印时，就会有事情发生。前面的第 1、2、3、4 个印，各有白、红、黑、灰四匹马与之一一对应；后面的 5、6、7 印，又有殉道者的灵魂，天象的大变动，等等重大事件，跟随着七号的到来与之一一对应。

实际上，这七印是以 6＋1 的形式出现的。当前面的 6 印被逐一揭开时，整个书卷的封口还没有被彻底揭开，相当于还是密封着。但是当第 7 印被揭开时，书卷也就真正被打开了。

这暗示我们，当前面 6 印被揭开的时候，天上、人间一个接一个的变化是快速的，当第七印被揭开的时刻，意味着整个人类进入千禧年的过渡期，已经进入了最后的阶段。

"印"的部首来自"卩"，它带有"节"的含义。这与7个印就像7个"节"，一个接一个，正好有一拍即合之妙。

(320) 號／号

随着揭开第七印而来的7号，才是《启示录》中的重头戏。

繁体字的"號"的部首出自"虎"，它乃是山兽之王；另一边的"号"字代表喊叫声。可想而知，这样的"號"所带出来的震撼力是难以想象的。

所以，《说文》对"號"的定义是"号，痛声也"。

《启示录》中把7号分为前4号和后3号，后者比前者的影响力要强得多。在天使吹响7号的过程中，不断提到"三分之一"此一数字。我们知道，"三分之一"里面的"三一"是与三一神的概念连在一起的，所以这些屡次被提到的"三分之一"的人，实际上是指在7号中经历严峻考验的属神子民。

换句话说，不要单从字面的意思去解读这"三分之一"的人所遇到的状况。所谓的"被杀"可以是"不死"的代名词；起码，即使有的人肉体死了，他们的灵魂却不会沉沦。所以，杀与不杀，死与不死，不要仅仅从字面的意思去理解。这是读《启示录》的人，要特别留意的要点。

(321) 雷

《启示录》是在讲了7号之后，才提到7雷的。当时，《启示录》的作者使徒约翰听到天上的7雷发声，正想把听到的声音写下来的时候，却被7雷拦阻，叫他不要写。为什么七雷要如此行呢？

汉字的"雷"字与"靁"是同音的异体字。"靁"中的"畾"字既与"雷"又与"垒"同字。由此一来，我们就可以从"垒"字出发，去探讨7雷发声的奥秘。

《说文》指出"垒"的意思是指"军壁"，即古代军队防守时用的墙壁，带有"对垒"的含义。

由此我们就领悟到，七雷是在七号之后发声的，接下来就是七碗要亮相了。处在这样一个对"垒"的特殊时段，七雷的发声是要告诉我们，接下来的七碗是和前面的七号不一样的，因为它们所涉及的是两批不同的人，就像军队打仗时双方面对面的垒立。

由此而来，最后的结果也就有待下文分解，七雷跟使徒约翰说的话，言下之意似乎在说，"你急什么呢"？

(322) 碗

七碗是继七号之后才开始亮相的。汉字"碗"的部首出自"石"。

圣经的《但以理书》说到，在末后的时候，从天而降的一块石头要打碎一个"大像"，象征人类历史要进入一个前所未有的转折点，那就是迎接千禧年时代的到来。这恰好与"碗"中之"石"不谋而合。

从《启示录》的记载中，我们看到七号中的人，与七碗中的人最大的差别，在于后者数次提到他们因所受到的痛苦就亵渎神的名，就像先前的堕落天使一样，走上了叛逆的道路。

"碗"中的"宛"字，《说文》指出它的意思是"屈草自覆"，就是像屋里的草，弯曲而互相覆盖。这大概是落在七碗中的人，在悲哀、烦恼、杂乱的环境中苦苦挣扎的真实写照。

相反，《启示录》在描述落在七号中的人之状况时，我们没有看到在这些人的身上，用过任何亵渎神名的字眼；也没有什么地方直接提到"悔改"二字。其实，真正的悔改是不必非要将"悔改"二字一直挂在嘴巴上的。这也许是圣灵深刻的用意，让人从七号中的人身上，去思考和体会，到底什么叫悔改。

(323) 災 / 灾

"灾"这一个字，在《启示录》中不断地提到，特别是七碗与七灾的关系更为密切。

"災"的繁体字的部首出自"火"，上面是"巛"，与发音为chuān的"川"是同音字，代表流水通过的山川。

由此一来，上面是水，下面是火，代表落在水火的坎坷和试炼之中，这正是《启示录》的主题。

人落在水火的考验环境之中，无论是谁都不会感到舒服。但是，神正是借着艰难险阻的磨练，把人的生命带到成熟的地步。

《启示录》之所以是一本不少人都难以解开的"天书"，是因为人若不是站在神的角度，就很难透过现象看本质。结果，自然免不了张冠李戴，误解或曲解了经文的真实含义。只要人认识到这一点，调整自己观察事物的角度和视线，所有的难题必将迎刃而解。

(324) 王

在《启示录》后面的部分，提到了在耶稣再次降临之前，人类历史上会出现七个王的现象。

在使徒约翰写《启示录》的时候，正当罗马帝国的皇帝大肆逼迫基督徒的阶段。由此，所谓的七王可以与当时的罗马皇帝挂上钩，并且把之当成是现今社会的缩影。

我们可以发现，今天世界上几个对人类有着重大影响的国家，它们的存在与过去罗马帝国的"七王"，有着彼此类似的模式。

值得一提的是，现在简体字"王"的部首，是原来繁体字的"玉"，它们两个本是异体字。"玉"与"王"的差别在于里面多了一"点（丶）"；而这一"点（丶）"乃是"主"字。

在圣经上，把耶稣称之为"万王之王"，这意味着祂与其它的王不一样。如果拿"王"和"玉"来做比喻的话，祂就相当于是"玉"，若把"玉"中的那一"点（丶）"放到"王"的上头去，就成了名符其实的"主"字。

由此而来，我们就要明白，七王是指着地上的君王，他们和"万王之王"的耶稣完全不一样。"玉"是玲珑剔透的；王的地位虽高，却不见得就做人光明磊落。

汉字与圣经天衣无缝的结合和互动，令人叹为观止。

(325) 棕

圣经不断地提到棕树，因为它是得胜的象征。在《启示录》中，特别提到："有许多的人，没有人能数过来，是从各国各族各民各方来的，站在宝座和羔羊面前，穿白衣，手拿棕树枝"。

这些"手拿棕树枝"的人，就是得以进入千禧年时代的人，在庆祝自己的浴火重生。

汉字的"棕"字，它的部首来自"木"；右边是个"宗"字，它带有"认祖归宗"的含义。因为任何正确的宗教信仰，最后都会把人带到真神那里去，这就是"棕"，也是"终"的目标。

棕树通常又叫"棕榈"，这一个"榈"字与"伴侣"的"侣"同音，所以"棕榈"与谐音字"终侣"相对应。圣经把信徒与耶稣的最后结合，比喻为新娘与羔羊缔结为终身伴侣的婚姻关系。这正是"棕榈"所意指的"终侣"的真实含义。

(326) 湖

《启示录》末了指出人类最后的大结局是：如果人的名字记在神的生命册上，就永永远远地与神在一起，这就是所谓的得永生；反之则被扔进火湖里——又叫第二次的死。

汉字的"湖"字，它的部首来自"三点水"，但《说文》却指出"湖"是个斜坡，似乎一点水也没有。这是否因为湖的前面有个"火"字，它把湖里的水都烧干了呢？

"湖"的右边是个"胡"字。它起码有两层含义：一是"胡来"。过去古代的汉人把西域的少数民族叫"胡人"，言下之意他们是"邪"的。这暗示说，火湖的"斜坡"容纳的都是胡来的人。

二是"胡"带有烧坏、烧黑了的意思。你一听到厨房有声音说，"糊了"，就知道饭菜烧焦了。所以，火湖"糊了"的味道一定很不好闻，而心甘情愿落到湖里面，最后成为"糊了"的燃料，更不是一个正常人所思、所想、所要的。

可能，棕榈树就挺立在离火湖不远的地方。为什么人不选择当羔羊终生的伴侣，而偏偏要被烧成一小撮糊黑的灰，被撒在火湖的"斜坡"上呢？

31、汉字与"卡巴拉"的对话

犹太文化中的卡巴拉，也就是所谓犹太拉比神秘派，他们把希伯来文的 22 个字母与圣经的生命树连在一起，与人的灵魂和身体建立了彼此对应的关系，从而帮助人们能够更好地认识，精神和物质之间的互动和转化。

在基督教的教义里，十分强调十字架的重要性，认定耶稣是借着在十字架上所流出的宝血，救赎了所有信祂的人。

当我们把犹太拉比的教导与十字架结合在一起的时候，看到卡巴拉中所提到的冠冕、知识、智慧和通达，可以与十字架的上、下、右、左四个点一一对应。如果我们用两句中国成语加以概括的话，那就是"视而不见、求同存异"。

这八个字可以分为四对：视而、不见、求同、存异，它们分别对应于"知识、冠冕、智慧和通达"。下面，我们把其中的内涵一一为你阐明。人若看后有什么不明之处，请再多看几遍，多想几下就是了。

(327) 眎

从上面铺垫的介绍中，你可以知道"知识"与"视而"是互相对应的。十字架的下、上、右、左四个点，是不能再"劈"开的。所以，解字的时候，我们可以把两个字分开；但理解的时候，应该把两个字合起来，这是你需要特别留意之处。

这第 327 个字——"眎"发音为 shì，与"视"同音，可能是一个你从来还没有见过的字，在古时它与"视"同字。"眎"的里面既有"示"；又有"目"，正好是"知"和"视"的有机结合，所以我们就选用它作为"知"和"视"的代言人。

"知"字的部首来自"矢"，它是指着"箭"而言。俗语用

"矢口否认"来形容人说话马上就不算数。可见，人的"知"若不是"正见"的话，就常常会落在反反复复的疑惑之中。问题一看不清楚，朝令夕改是避免不了的事。

"视"的部首出自"见"，它的另一边是个"示"字。不见不信的人都以为，肉眼看不见的东西就不可信。但是，不少的时候，人实际上是用头脑在看东西的，若没有接受到"示"的信号，在头脑中就无法形成一种明确的概念，就是把眼睛睁得大大也看不到东西。

这是"知"和"视"走在一起的含义，是走十字架道路的起步。

(328) 而

《说文》指出，"识"的意思是"知"，你可以回过头去看我们对第 44 个字的解释，就基本上可以了解"知"的含义了。

下面，直接谈一下与"知识"二字相对应的"视而"，其中的"而"字。

"而"这一个字，在古时与"尔"同字，就是说可以把之当"你、你的"去理解；若把它当名词使用的话，则指"颊毛"，即通常我们所说的"胡子"。

圣经上记载伊甸园中有一棵辨别善恶的知识树，它之所以成了一棵人吃了必受其害的"死树"，原因在于知识就像"颊毛"，人不照镜子看不到自己脸上的胡子；却一清二楚地看到别人的颊毛，而且可能越看越不顺眼，结果心就被堵住，随之而来的问题就变得越来越多，直到最后进入了坟墓。

所以不是知识本身有什么不好，乃是"而"——"尔"，你这一个人出了问题。一旦"尔"与"我是"的上帝关系弄不好，一切的问题都来了。当初亚当在伊甸园也是因着同样的问题砸锅的。

往后，只要你想到"视而"两个字，马上意识到这是"看胡子"的问题。先用镜子照照自己，不必动用放大镜或显微镜去数算别人身上的"颊毛"。今天活在信息时代的人，就是随时随地可以看到的"颊毛"太方便了，所以知识知道得越多，自己的头就变得越大，对别人就越看不顺眼。

所以，如何让知识成为服务人的工具；而不要变成伊甸园里的蛇用以迷惑人的魔咒，是每个人必须清醒认识的问题。

(329) 冠

"冠冕"是与"视而不见"的"不见"二字相对应的；它们与"知识"和"视而"相对。

对应是指彼此之间的相同或相通；相对是指彼此之间的不同或对立，这是你必须彻底弄清楚的概念。

"冠"的本义是指戴在头上的帽子。"冠"字的部首出自"冖"，它的发音是 mì，同"密"，带有覆盖的意思。也就是说，虽然帽子是戴在头上，人一下子就可以看得见。但是戴帽子的人却把自己"覆盖"得严严密密的，一点出人头地的味道都没有。

在"冠"字的里面，有"元"和"寸"字。"元"是回归源头的意思；"寸"是为人处世皆有分寸。这是一个与"我是"的神挂钩的人，必须具备的成熟的生命品质。

汉字的"不"字，它在古时与"否"同字，与"冠"之低调并隐藏自己，不谋而合。"不"的意思是告诉你，不能离开天地万物主宰的"一"，它与"冠"字中的"元"字，都是直接指向宇宙间一切的源头。

圣经的《启示录》记载，站在天上神宝座之前的长老们，一个个都把自己头上的冠冕摘下来，放在神的脚前，是对"冠"字的最佳注脚。

(330) 冕

"冕"是指古代帝王及地位在大夫以上的官员们所戴的礼帽，与普通人所戴的帽子大不一样。"冕"的下面是个"免"字，它的字义是"免除、避免"。也就是说，人哪怕到了可以加冕的水平，也不必翘尾巴，避免招摇过市、虚张声势，一直是"冠冕"二字的内涵。

"冕"的部首是出自"冂"，它的意思是指"城外、郊外、野外"，一点养尊处优的味道都没有。由此而来更让人对头戴冠冕的人，起了敬佩爱慕之心。

"视而不见"的"不见"，之所以能够跟"冠冕"挂上钩，是因为所谓的"不见"，已经超越了知识和物质的层次，进入了意识和心灵的领域。这样的人并不是一条糊涂虫，好像什么知识都不懂；而是心胸阔达，用怜悯之心去体会他人的处境，不再去计较人的是非对错，不再为眼前的富贵浮云所动。

从"视而"到"不见"，有着天渊之别，不是能够一步登天的，中间还要经过"求同存异"的种种磨练、试探和考验。经过螺旋形的攀登，最后就可以达到"冠冕"的山顶。

"不见"的"冠冕"，乃是人生终极的奋斗目标，它是人通往永生所必须经过的一道桥。

明白了这一点，就没有什么能够拦住人"过桥"的决心，不管这道"乔"是如何的"高而曲"——《说文》指出，"桥"中之"乔"是"高而曲"的意思。

(331) 智

"智慧"二字对应于"求同存异"的"求同"，它位于十字架横木的右端。

"智慧"的"智"字，它的部首来自"日"。"智"与"知"

可以相通，但它们的部首不一样："知"的部首是出自"矢"，也就是"箭"，两个字的本质并不一样。

如日中天的"智"，与像流箭一般放出去后就不明去向的"知"，显然是不一样的。这也是智慧和知识之间的差别。

"求同"的"求"字，它在古文中与"裘"同为一字，是"皮衣"的意思。古人的皮衣一般毛向外，所以"求"带有向外寻求的意思在其中。

所谓的"求同"，当然离不开必须和外面的东西接触。如此一来，"求"与"智"就顺理成章地结合在一起了。还有什么比直接接受从"日"而来的光，更能照亮人心，明白是非呢？

(332) 慧

《说文》对"慧"的解释是"慧，儇也"。"儇"的本义是"轻薄、小聪明"，给人的印象并不太好，但它却是许多人的毛病。虽然"聪明反被聪明误"，这句话常被挂在不少人的嘴边，却没有多少人真的把之当作一回事。

"慧"字的部首出自"心"，上面是个"彗"字，就像扫帚一样。人们叫彗星为"扫帚星"，顾名思义把之划在贬义的一边。由此而来，我们必须记住"智"是好的；但带有小聪明味道的"彗"就另当别论了。

因为，"智"和"慧"二字虽然走在一起，却不是同心同德的人。"彗"所代表的是要从人的心身内外，扫地出门的东西。这是它为什么会与臭味相投的扫帚合在一起的原因。

"求同"的"同"字，它的意思是"合会"。这里所讲的"合会"，并不是要和"彗"的小聪明会合，而是恰恰相反要与之分开，才能和真正大彻大悟的"智"合在一起。一个整天为着自己打小算盘的人，是不可能得到真智慧的。这才是"求同"之真正的含义。

(333) 通

"通达"对应于"存异"，它显明十字架的西方，乃是一条不断地挑战人与人，国与国之间关系的路。

"通达"的"通"字，它的部首来自"走之旁"，明显指着道路而言；"通"的里面是个"甬"字，它的部首出自"用"，在古时与"桶"同为一字。

可见，"通"要表达的含义，是与"用"紧密连在一起的。"桶"的存在就是为了装东西用的。这与"存异"的"存"字，恰好不谋而合地碰到一块。

《说文》指出，"存"的意思是"恤问"，也就是体恤他人的意思。在人际关系上，最大的难处就在于如何去面对解决"存异"的问题。因为，能够求同存异地尊重别人的存在，体恤他人的处境，不是一件容易的事。

如果说，求同是站在公义的立场，向不当、不妥的行为说"不"的话；那么，存异就是站在怜悯的位置说"是"。无论何时何地，我们都需要与怜悯的源头"我是"接轨。否则的话，没有谁能在"通达"存异的道路上走下去。

(334) 達 / 达

下面，我们来看看"通达"的"达"，与"存异"的"异"之间的连结。

通常，我们都把"达"当成"达到、到达、通达"去理解，甚至不少人会把之与"发达"连在一起。所谓的"达官贵人"，不就是与飞黄腾达的愿望戚戚相关吗？

然而，《说文》对"达"字的解释却是"行不相遇也"。这与原来我们对"达"的理解未免相差太远了。"行不相遇"意味着一个人在走路时，路上空空荡荡一个人也没有。没有人挡着，路是够通达了，但却难以遇到带来好运的"贵人"。

你可能还没有注意到，繁体字的"達"里面并不是个"幸"字，表明"達"与碰运气的侥幸无干；但是"達"里面却有个"羊"字，这就有意思了。"美、善、義"的部首都是与"羊"有关的，这说明"達"的内涵不重在追求物质上看得见的好处；而在于提升一个人的道德品质。

如果说，"行不相遇"意味着心胸阔达，不再与任何人计较和碰撞，那就对路了。同时，它也就与"存异"的"异"合到一起了。

不仅是人与人之间的关系，需要用通达存异的原则去解决，宗教、宗派、民族、国家之间所有的问题，也离不开此一放之四海而皆准的宗旨，才能使人类进入世界大同的美景成真。可以预见，未来人类的命运将与求同存异的开花结果，不可分割地连在一起。

(335) 轮

在犹太拉比卡巴拉的教导中，轮回的问题占了一个重要的位置，所以下面仅就这两个字，看看《说文》是怎么解释的。

《说文》对"轮"字所下的定义是"有辐曰轮，无辐曰轮"。所谓的辐，是指连接车辋和车壳之间的直条。

这意味着，如果我们把所谓的轮回当成是车轮的直条去理解的话，那么，有辐的车轮肯定比无辐的轮耐用和好用。所以，每一次的轮回，就好比为车轮又加多一道直条，让轮子变得更加坚固和适合使用。

如果说，轮回之目的是为了使人的灵魂的质量越来越高的话，那并没有什么值得大惊小怪的。反之，它乃是上天的恩典，使生命还不成熟的人，可以借着轮回的程序，不断得到改变和提高的机会。

拿卡巴拉的话来说，轮回是为了给人一个修补的机会，就像学校里面的"补考"一样，考试及格了就可以升级，直到最后的毕业。

所以，我们不必把之当成是一个充满着神奇色彩的话题去理解。当然，也不必一直抱着好奇心去寻根问底。既然圣经并不一清二楚地把这个问题给挑明，就必定有其道理，我们尽可点到为止，不需要去钻牛角尖，或偏要去撞死胡同。

(336) 廻／回

"回"的意思既是"转"又是"还"，这正是所谓的轮回的实际情形。人在阴间转了一圈之后，还是回到阳间，继续完成原来还没有完成的功课。

繁体"廻"字的部首来自"廴"（yǐn），它带有"延"和"引"的含义。不管是延还是引，都离不开人生的功课既然还没有完成，就得继续延长时间学下去，所以上天又安排好一切，重新把人引回人间接受再教育，直到最后毕业为止。

你看"回"字外有大"口"，内有小"口"，象征一个落在轮回里的人，就像掉进水中的漩涡，如此轮来轮去、漩转不停的日子一定是不好受的。

所以，圣经不明言澄清有关轮回的真相，就是为了让人悟解，就算你把轮回的细节了解得一清二楚，但自己仍然落在轮回的里面出不来，那又有什么实际的意义？

所以，当机立断地与上帝连线，让祂尽快地救你脱离灵魂轮回的漩涡，那才是求之不得的万全之计。

32、数字之间的对话

在汉字系统中，与数字有关的字不在少数；在圣经之中，也有其自成一格的数字系统。特别是，我们发现在所有的数字之中，十以内的九个自然数，与九个"数根"一一对应，其中隐藏了上天创造天地万物之律之极大的奥秘。

如果你感兴趣的话，可以从网上查看《圣经的数字和数根》一书，我们在本单元所提及的与数字或数根有关的概念，都是引自该书。对于进入数字时代的人来说，不能不对数字一无所知。汉字中所隐藏的与数字有关的奥秘，与圣经数字相切相磋，常常带给人意想不到的收获。

(337) 壹／一

"壹"是"一"字的大写，其部首是出自"士"。《说文》指出，"壹"的意思是"专一"。实际上，"壹"字是由三个部首而合成的：上面是个"士"字；中间是意思为"覆盖"的"冖"；以及最下面的是"豆"。

在第 213 个字的信息中，我们已经谈了"豆"的内涵。在这里，只是特别再补充一点，从三一神的观点来看，"豆"字本身也可以和"三一"的概念合在一起。上面的一横代表圣父；中间的"口"代表圣子；底下的一横代表圣灵，在它上面的"丷"也是一个部首，意思为"分开"。

因此而来，你就可以领悟到"豆"里面一共包含了三个不同的部首，在头在尾都是"一"的部首，它代表"一"不可分割的整体观念；而里面却可以分为"一、口、丷"等三个不同的部首，这是分开成不同位格的观念。

"豆"字中这种既是一，又是三的格局，就是"三一"神之观念，最简单扼要的比喻。

(338) 贰 / 二

"贰"是"二"字的大写，它的部首出自"贝"。

《说文》指出，"贰"是"副益"的意思。所谓"副"是指第二，与"贰"的身份恰恰相合；而"益"是指一个盛满丰饶的器皿。

"副"字中的"畐"，与"福"是同音字，意思是"满"，又指容器。这与"益"的含义正好不谋而合。特别是，"贰"的部首出自"贝"，表明如此的祝福和利益是与钱财连在一起的。

不少中国人都喜欢 888 这组数字，因为是"发发发"的谐音，谁不喜欢图个大吉大利？

然而，却少有人知道这 888，乃是希腊文中"耶稣"一名的数码。而汉字的"贰"恰好是圣子耶稣的代号。中西文化中有许多奇妙的交接点，往后，当人在求 888 的时候，就知道自己是在求谁，以及求什么了。

(339) 叁 / 三

"叁"是"三"字的大写，在古时它与"参"是同一个字。

不管是"叁"还是"参"，它们的部首都是出自"厶"。在古时，"厶"与"私"同音同字；也与"某"同音同字。"某"字与"谋"同音，如果把"谋"和"私"合在一起的话，就成了"谋私"。

在"叁"或"参"之中，它们的中间都是个"大"字。如果把"谋私"和下面的"大"公无私作比较的话，显然两者的差别就昭然若揭了。

倘若我们细察一下"叁"和"参"之间的差别，可以看到"叁"字的下面是个"三"字；而"参"的下面是斜斜的三撇

——"彡"（发音是 shān，与"三"近音），它也算是一个部首，意思是"须毛和画饰的花纹"。

在圣经的数字系统中，数字三代表圣灵。祂所要完成的任务，就是在人的中间作分别的工作，使认识上帝的人最后得以成为对社会有益，对人类有所贡献的人。

而对"参"来说，一方面它带有"参加"的含义，但如果工作像"须毛和画饰的花纹"一样，只注重表面文章，结局必定不会好到哪里去；另一方面，"参"是与"人参"连在一起的，若人的品质贵重如难得一见的千年野山参，可值天价无疑。

明白了"叁"与"参"的内涵，认识了圣灵在人身上所要进行的分别工作是"深"的，何去何从就看人的自由选择了。

(340) 肆

"肆"是"四"字的大写。它的字义主要是"放肆"；同时也有"陈设"的含义。古时犯人处死后还要暴尸示众，大概就是"肆"字最贴切的注解。

"肆"的部首是出自"聿"（yù），在古代是"笔"的代名词；"肆"的左边是个"长"字。所以，整一个"肆"字要告诉我们的是，这其中有一个用笔写出来隐约其辞，说来话长的故事。

在前面第 303 个字的信息中，我们已经谈到"弑"字的来龙去脉。"肆"字要讲的故事，是与"弑"的故事一脉相承的。

在圣经的数字系统中，数字 4 是指着所有的受造者而言的。其中包括了最早受造的天使，尤其是指后来放肆造反的堕落天使。此一"肆"的事件，在宇宙中造成了混乱骚动的局面。直到今天，上帝还在继续完成祂的整个宏伟的修复工程。

数字 4 的数根（133_55_250）是一个循环数根，代表放肆的受造者落在恶性的循环之中，等待着最后的陈尸于众。有关"数根"的观念，可能你从来还没有听说过，因为它是一个新的发现，如果你感兴趣的话，可以上网查询《圣经中的数字和数根》一书，里面有详尽的解释。对于进入数字时代的人来说，不能对与数字有关的信息漠不关心，或蜻蜓点水般地眨眼而过。

(341) 伍

"伍"是"五"字的大写。

"伍"的部首出自"单人旁"，是一到九的 9 个自然数中，唯一跟"人"的部首连在一起的字。可见，它与人戚戚相联的关系是其它数字所无法相比的。

"伍"的另外一边是个"五"字。在古文中的"五"字，呈"✕"字形，代表阴阳在天地之间交于午。所以，"五"与"午"同音。由此，如果我们把"伍"字视为"天、地、人"三合一的结晶，并没有什么不妥之处。

在圣经的数字系统中，数字 5 代表恩典。从上面的数字 4 之中，我们看到了"肆"的真相和结局。然而，5 = 4 + 1，也就是说，当上帝"一"的恩典临到"肆"的身上时，"伍"就在宇宙间亮相了，见证数字 5 所代表的神之恩典是何等的信实。

"五"的部首出自"二"，前面我们已经讲过"贰"是圣子耶稣的代号。而且，数字 5 的指定数根 407 同恩典和千禧年都有密切的联系。你可以从《圣经中的数字和数根》一书中，去了解什么叫指定数根。这些与数字有关的最基本的观念，都是人必须明白的。

(342) 陆 / 六

"陆"是"六"字的大写。"陆"字的部首来自"阜"，俗称"左耳刀旁"。它的意思是指"土山"。

"陆"中的另外一边是个"坴"字，它是指"平而高"的地。现在的"大陆"既有山，又有地，成了众人无所不晓的中国内地的代名词；与海岛台湾成了鲜明的对比，似乎冥冥之中早就有了定数。

在圣经的数字系统中，数字6代表人。因为人是在第六天造出来的，所以六也就名正言顺地与人挂上了钩。并且，圣经词典还指出，数字6带有"兴奋"的含义。这意味着当千禧年到来之时，在第六天末了出来的一代新人，是神与人联合的结晶，是让受造者感到兴高采烈，天翻地覆的重大转折。

有趣的是，"陆"还有一个同音字叫"踛"，它的意思是"跳跃"，与圣经所提到的6带有"兴奋"的含义一拍即合。中、外文化之间的默契，实在令人叹为观止。

(343) 柒／七

"柒"是"七"字的大写，它与"漆树"的"漆"是同一个字。

有点令人不解的是，与树没有什么关系的数字"柒"，其部首乃出自"木"；而真正出自木的"漆"，它的部首却出自"水"。也许，正是借着这看似反常的现象，让我们去思考一下，接下来可能会发生什么反常的事。

在圣经的数字系统中，数字7代表人类即将进入的千禧年，也就是多少人一直盼望的世界大同将美梦成真。但是，在人类迈进这样一个伟大时代的门坎时，可能会碰到一个短暂的黑暗时段，就像黑中带褐的漆料一样，叫人看了就觉得不舒服。容易过敏的人，碰上了它更是又痒又肿，狼狈不堪。

但过了这道关口，就像漆器都处理好了，所有的工艺品都发出耀眼的光采，令人爱不释手。

特别是，当千禧年来临的时候，它将迎来人类的头一次复活。

中国人有为死人"做七"的习俗，直到过了七七四十九天之后，才算"大功告成"。其实这就是针对着人的复活而言。并非每个人都能进入头一次的复活，但千禧年结束的时候，即使你不必做七也会活过来，等待上帝对人终极的处理。

《圣经中的数字和数根》一书，明确地指出与人类死里复活有关的数根，第一次出现在数字 49 之中，对应于人要做完七个七，共 49 天，两者的连接并非偶然。随着人类进入到了数字时代，过去许多人们不以为然，甚至以为是迷信的事件，将由科学的再发现，重新为人洗脑。

如果你有兴趣加入人类头一次复活的行列，成为《说文》所讲的"仙人变形而登天也"，那还得争取在耶稣降临之前，就做好一切的预备，使自己的生命能够与"神仙"的气质相配。

门当户对是过去中国人常提到的婚姻标准，在天上要与"羔羊"联婚，上天所命定的生命品质必须与之相配的规矩，自然也不例外。

(344) 捌／八

"捌"是"八"字的大写，古时同"扒"字，是"破裂、分开"的意思。

"捌"字中的"别"是"分别、分开"的意思。所以，这一个"捌"字，包含了两次"分开"的含义。

我们已经多次谈到，照着圣经所言，人类的死里复活一共分两次：第一次在千禧年开始的时候；第二次在千禧年结束的时候。这恰好对应于"捌"字的两次分别。

《圣经中的数字和数根》一书，明确地告诉我们，这两次的复活是同一个与人类复活有关的数根（1459_919）连在一起的。所有的人最后都一个也不会遗漏地复活，并且大部分的人都要站立在神白色大宝座的前面"过堂"。名字在羔羊生命册上的，将成为基督的身体，与神连成一体；而名字不在羔羊生命册上的，复活后将被丢进火湖里——就是第二次的死。

对于大多数中国人来说，大概还不知道在中国古文中，还有另外一个由两个"八"字上下重叠而成的双层字"仈"，发音是 bié。

这一个双层的"仈"字，它的意思也是"分开"，只不过一目了然地告诉我们，重叠的两个"八"字表示有两次的分开，这与我们一再强调的人类的复活分两次，不谋而合。我们不能不惊叹汉字的神奇，其中隐藏了多少与圣经相同或相通的奥秘。

(345) 玖／九

"玖"是"九"字的大写，它的部首出自"玉"。《说文》指出，"玖，石之次玉，黑色"。所谓的"次"是对着"第二"而言。也就是说，"玖"虽然也算是一种黑色的美石，但无论如何它的质量只能算次等。

那么，头等的玉石是对哪一类而言呢？如果我们结合"捌"中的两次复活来看的话，就可以悟解到，头等的玉石是指有份于第一次复活的人；而"石之次玉"则指千禧年结束之后，当人类第二次复活到来之时，神明明白白宣告名字记在祂的生命册上的人。

"玖"字的右边是个"久"字，这意味着所有这些"石之次玉"都是得永生的人。虽然他们无缘进入人类头一次复活的行列，但经过千禧年的磨练和造就之后，生命已经达到了可以进入与神同在，与永恒接轨的标准。

这就是神的恩典在祂的整个救赎人类计划中的运行。明白了这一点，你就可以尽自己的最大努力，把神的恩典发挥到淋漓尽致的地步。能够进入头一次复活的队伍固然最好；但与之无缘的话也不必灰心。

人若活出来的生命和生活与恩典相配，就没有什么好后悔的，因为恩典只叫人向前，不必往后看，也不必无聊地去多想。所谓医生的手里没有可以治后悔的药，没有必要去惦记任何虚无价值的东西。

(346) 拾

拾有两层的意思：一是把地上的东西给捡起来；二是拾级而上，就是沿着台阶一级一级地登上去。

"拾"的右边是个"合"字；"合"字的部首来自"口"，它上面的"亼"字是"集"的意思。整个"合"字是代表人与三一神的合一，特别是如何把袖口中的话落实到实际行动上的合一。

所以，"拾"的部首出自"手"，就是要人既要动口，又要动手。把地上的东西给捡起来，并不需要费很大的劲，却需要人有一颗忍耐谦卑的心；沿着台阶一级一级地登上去，也不需要花多少的力气，却需要人除去好高骛远的习气。

"一"和"十"有着同样的数根——都是"一"，但独"一"无二的神是创造主；而人是受造的"十"，虽然人可以成为神的儿女享受袖的生命、智慧和能力，却永永远远也不能忘记守住自己的本份，免复蹈堕落天使"弑"逆的前辙。

(347) 廿

"廿"是"二十"的意思，它的大写字是"念"。所说的"念年"就是指二十年。

"廿"的部首来自"廾"（gǒng），它是"两手拱物"的意思，与"拱"同字。一个人若经过"廿"的辛苦经营，多少应该有些东西可以拱在手上吧？

"念"是"常思"的意思。它的部首来自"心"，上面是个

"今"字。"今"是"时"的意思，本义是"现在"。所谓的"常思"，不就是今天想，明天也念吗？

在希伯来文的字母中，第廿个字母是"头"的意思。从"年"的角度来看，"头"是旧一年的结束，新一年的起点。这大概是"廿"的真正含义：结束是尽头；起点是开头。

当人类正处在千禧年的门坎时，实际上也是站在"廿"送旧迎新的骨节眼上，所以风云突变随之而至，并不奇怪和偶然。

(348) 卅

"卅"（sà）是"三十"的意思。照《说文》所言，"卅，三十并也"，也就是"并行、并列"的意思。

这一个"卅"字相信大多数的中国人都不知道，但与"三十"连在一起的另外一个字，却家喻户晓，那就是"世界"的"世"字。

《说文》指出，"三十年为一世"。所以，我们就可以从"卅"之并行、并列的角度，来理解世界存在的意义。

以前，人们都习惯于从物质的层面来认识世界，但是，现在不少的科学家已经越来越认识到，意识和物质彼此转化的现实性和重要性。从汉字所揭示出来的奥秘，就是要帮助人类，从"并行、并列"的角度来探讨今天和未来的世界。

虽然这不过是一种提纲挈领的说法，但却可以把人引入正确的思路。

(349) 界

"世界"的"界"字，它的本义是"边垂、边境"。也就是说，世界再大，它也是有尽头的"边境线"。如果人仅仅从物质的角度来探讨世界，总是会碰到难以突破的界线。

"界"字的部首来自"田"，如果人把"田"理解为摆在自家门口，眼前的那一小块"自留地"，那就没有什么更多的话好说了。

倘若人把视界扩大，"田"成了世界，由于世界观的不同，随之而来的看法就完全不一样了。

有趣的是，圣经上记载耶稣说了这样的话："田地就是世界，好种就是天国之子"。

看看，耶稣把"田"和"世界"直接地合在一起，告诉我们要超越人眼睛所注目的物质世界，用天国之子超越时空的眼光来看世界。

未来的世界是意识和物质并行、并列的世界。当今的人类已经开始在尝试数字时代带给人们的"甜头"。当然，有的人也可能心有余悸，害怕地把"甜头"当"苦头"看待。从某个意义上来说，"并行"意味着虽然两个人先向着相同的方向，却同床异梦、分道扬镳地走不到一起；

"并列"则代表两个人彼此的看法相同，不管谁走在前头，谁在后面跟着，都是属于同一个队列的人。所以，耶稣呼召门徒在祂的后面并列跟着走，没有叫他们跟自己平起平坐，拉手并行。

(350) 卌

在汉字中，有这么一个字，相信绝大多数的人连见都没有见过。它就是摆在你眼前的"卌"字，其发音与"戏"（xì）一样，意思是"四十"。

这一个极为少见的生僻字，我们之所以把之放在这里，是为了让你能够进一步理解"肆"和"弑"的内涵。如果你还不知这两个字的含义，先回过头去看一看。

"卌"的意思是"插粪耙"，看图识字，"卌"字确实像一把名符其实的插粪耙。

为什么它会与"插粪耙"中间的主角——"粪"连在一起呢？显然这里所提及的"粪"，就是"肆"和"弑"之中，为非作歹的受造者——堕落天使的代名词。

汉字以其独特的象形结构，为我们揭示了许多在圣经中所隐藏的奥秘，实在叫人叹为观止。

(351) 百

"百"是"十十"的意思，代表各式各样、多种多样。

"百"的部首出自"白"，它可以用来指白的颜色，引伸到人性的光明、纯洁、洁净；也可以代表什么都完了，变得一无所有的"白"。

从精神的层面而言，特别是中国道家的思想，一直强调无为而为的观点，就是要人认识自己先变"白"了，接下来才能有所作为。

这与孔孟之道的"天降大任于斯人也，必先苦其心志，劳其筋骨，饿其体肤"，在本质上是一样的。

在圣经上，也提到人在走天路的过程，从三十倍、六十倍到一百倍，不断升级的压力可能叫人受不了，但与所换来的永生赏赐相比，还是值得所付出的代价的。

既然东、西方的文化都不约而同地肯定了这一点，经由千锤百炼的"百"，最后进入白衣天使行列的"白"，必定是一条上帝早已计划和安排好了的路，人尽管上路往前走就是了。

(352) 千

"千"的字义是十个百，它的部首来自"十"。如果说，"一"是代表上帝的话，那么，"十"就代表属于上帝的受造者，包括人和天使在内。

"千"是千禧年的代号，这是许许多多的"十"群集在一起的时代。它是把人类多少年来梦寐以求的世界大同的理想，呈现在人间的一幅美丽图画。

值得一提的是，通常出现在钞票和票据上的大写汉字，只有"伍、佰、仟"这三个字是与"单人旁"连在一起的。这决不是无缘无故而碰巧发生的事。

它意味着和三一神有着密切关系的人，从接受了上帝"伍"的恩典，经过"佰"的考验，最后进入了"仟"，成了千禧年的主角。人类如此一路走下去，到了千禧年结束的时候，人类历史这一长长的连续剧，就圆满落幕了。

(353) 萬／万

作为数词而言，"万"的意思是指极多，数也数不完的意思。所以，繁体字的"萬"，其部首出自"草字头"，说明"万"之数就像草一样，谁能算得清？

然而，照《说文》所言，"万"是指"虫"，特别是对着"蝎子"而言。这就有点令人感到难以理解了。

所以，我们得回到圣经里面，才能明白这是怎么一回事。由"虫"而出的"蝎子"，在圣经中经常与"蛇"走到一起。"蛇"又经常被人称之为"长虫"。它们实际上都是魔鬼的代名词。"萬"字之所以和"虫、蝎"相合，大概因为它们的数目众多，数也数不尽。

圣经的《启示录》在谈到末后，受魔鬼煽动倾巢而出的马兵就达二万万之多。有谁知道在它们后面的"虫、蝎"还有多少？

如果你觉得这说服力还不足的话，那再看看受基督教文化影响至深的英文世界，在英文的数字书写上，并没有"万"这个字，而是以"十千"取而代之；西方人都把所谓的"万圣节"称之为"鬼节"，这些不都是对着"万"和"虫"之间的关系而言吗？

只有中国过去的皇帝们，才热衷于接受"万岁爷"的称呼。没错，上帝要赐给属祂的儿女永远的生命，那是超越时空的永永远远，但却没有"万"的阴影在其中。

(354) 億 / 亿

作为一个数词，古代的"亿"相当于"十万"，那算是一个极大的数目了。

"亿"的部首来自"单人旁"；它的右边是个"意"字。《说文》指出，"億"的意思是"安"。

如果说，这里的"安"，是指一个亿万富翁有了足够的钱财就能安心的话，那么，一些有钱人走上了自杀的道路；或者有的人买彩票中了大奖，因为有钱反而恐慌，导致结局悲惨，就没有办法找到合理的答案了。

可见，"億"字和"安"连在一起是提醒人，心里有了平安，才是真正的富足；或者反过来说，如果人心里有了真正的平静安稳，要成为一个亿万富翁未必不可能。起码，不管你的钱是多是少，都不会成为钱财的奴隶，可以合情合理地享受钱财为你带来的快乐和幸福。

不要忘记，"亿"的部首来自"单人旁"；是人在"億"的里面当主角；是"心"在"億"的里面左右一切。明白了这一点，就凡事都"易"多了。

(355) 兆

作为一个数词，古代的"兆"相当于"万亿"。据古印度有关记数单位的书记载，按从个位数开始由小到大的次序算，兆被排在第 7 位。兆的后面还有十几个数字单位，直到"无量大数"。

在圣经的数字系统中，数字 7 对应于即将到来的千禧年，这是颇有意思的事。

照《说文》的解释，"兆"与"卜兆"有关，人们常提到的"征兆、预兆"都是属于此一范围的概念。

由此我们就可以思考，"兆"之意念的能量之大，往往是超出人类目前所知、所想的，千禧年会成为与"兆"对应的数字单位，应该有其独特的内涵。

"兆"字的部首出自"儿"，它是"儿"所在的字系中很特别的一个字，因为"儿"在"兆"字的居中位置，与在其它字中的位置不一样。从而使"兆"字具备了与众不同的特点。

33、单画部首与数字的对应

在汉字的部首中，一共有 9 个单画的部首。它们是与 9 个自然数一一对应的。下面，我们就简单地介绍一下，这 9 个单画部首的情形。

(356) "一" 横

"一"（横）是汉字的第一个单画部首。它对应于 9 个自然数中的数字 1。

在"汉典大全"中，无论是按部首，还是照笔画，"一"都是排在老大——"第一"的位置。照《说文》所言，"一，惟初太始，道立于一，造分天地，化成万物"。也就是说，"一"是一切所有的源头，离开了"一"，整个宇宙根本就没有其存在的身影，由此你就可以明白"一"是何等重要了！

由于"一"同时也是一个数字，所以我们看到它在世界上所有的数字系统中，都是扮演"老大"的角色。在汉字中它是"一"；在阿拉伯数字中它是 1；在罗马数字系统中它是 I；在用以写《圣经》，可以把字母和数字连在一起用的"两希"——希伯来文和希腊文中，它是排在所有字母最前面的字母。由此看见，它在宇宙间所扮演的独一无二的角色，是任何人事物都无法代替的。

(357) "丨"

"丨"（竖）是汉字中的第二个单画部首。它对应于 9 个自然数中的数字 2。"丨"是"上下贯通"的意思。

在圣经的数字系统中，数字 2 代表了三一神中的圣子。

数字 2 的含义主要有三个层面：分开，圣经一开始的《创世纪》就让人看到，"神看光是好的，就把光暗分开了"；

重复，圣经最后的一卷书《启示录》又让人看到：如果神的生命册上没有名的人，就要被扔进火湖，这火湖又叫"第二次的死"；

见证，圣经明言宣布，若要作见证，必须"凭两三个人的口"才能算数。

(358) "丶"（点）

"丶"（点）是汉字中的第三个单画部首。它对应于 9 个自然数中的数字 3。

你可不要小看这一"点"（丶）啊，《说文》指出，这一"点"（丶）的意思就是"主"，即"主宰"、"主人"、"自主"等等中的"主"。

在圣经的数字系统中，数字 3 代表了三一神中的圣灵。

因为 3 是一个属灵、属天的数字，所以天上、灵界的事物都与之拉上了关系。

俗话说："事不过三"，要知道，天地间的万物万事，实际上都是由眼睛看不见的神的灵在掌控着，不管你信不信。

(359) "乀" 捺

"乀"（捺）是汉字中的第四个单画部首。它对应于 9 个自然数中的数字 4。

这从左向右斜下的一画，发音为 fú，也称为捺 nà，本义是用手重压的意思。

为什么要用手去"重压"？在前面的"弑、肆、人、它"等字中，我们已经谈到了在最早的受造者——天使中所发生的问题，以及蛇如何迷惑、引诱人类犯罪的来龙去脉。

由此而来，为了使人不再受蛇的挑拨离间，就需要把它"重压"，让人得以彻底地与之分开，离得越远越好。

(360) "乙"

"乙"（发音同似"一"yī）是汉字中的第五个单画部首。它对应于 9 个自然数中的数字 5。"乙"的形状像植物屈曲生长的样子。

在圣经的数字系统中，数字 5 是一个很特别的数字，因为它代表神借着耶稣赐给世人的恩典。

值得一提的是，在基督教的教义里，对于上帝的认识有一个所谓"三一"的核心观念，就是认为上帝只是一位，但祂却有父、子、灵三个不同的位格。而且，父与子为一，时常可以看到他们是平起平坐的。

一开始我们就提到，"乙"字和"一"字的发音是同似的；而"乙"在十天干中排第二，这再一次应证了代表圣父的数字一，及代表圣子的数字二，他们彼此之间的合一，是随时随处可见而不变的。

(361) "亅"钩

"亅"（钩）是汉字中的第六个单画部首。它对应于 9 个自然数中的数字 6。

钩的意思是"曲"，它带有连接的含义。颇有意思的是，希伯来文的第 6 个字母的意思也是"钩"，看来上天把祂的启示放在世界各个民族的文化中，有不少是彼此相通的，因为启示来自相同的源头。

在圣经的数字系统中，数字 6 代表人类。因为照《创世记》的记载，人是在第六天被造出来的。

值得一提的是，在数学中有所谓"完全数"的概念，个位数的完全数就是 6，接下去的二、三、四位数，都仅出现一个完全数，再往后不管有多少位数，完全数变得越来越稀罕。至今人类通过高速计算机所能找到的完全数总共也不过 50 个左右。

由此，你可以认识到能做一个排第 6 的人，是多么的不容易。

(362) "乚"

"乚"（yǐn）是汉字中的第七个单画部首。它对应于 9 个自然数中的数字 7。

在圣经的数字系统中，数字 7 代表人类即将进入的千禧年的大同世界的美好时代。因为 7 的字源来自"完全"，所以能够进入千禧年的人，都是向着人类的终极目标——做一个完全的人而奋斗。

神也必定把所有完全的人，带进入祂的国度里享受安息。用经常挂在人们嘴边的话一言以蔽之，那就是进入所谓的"天堂"。

在古时，"乚"与"乙"同字。可见千禧年与代表圣子耶稣的"乙"，有着非同小可的密切关系。

(363) "丿"撇

"丿"（撇）是汉字中的第八个单画部首。它对应于 9 个自然数中的数字 8。

"撇"是"分开"的意思；也可以"抛弃"来理解。

在圣经的数字系统中，数字 8 代表复活。这是整本圣经所要阐明的核心思想。

照圣经的说法，人类一共有两次的死里复活，一次就在千禧年开始的时候；另一次则要等到千禧年结束的时候。那时，除了有份于第一次复活的人之外，其余的人都要复活。并且复活之后，会根据每个人的具体情况被分开两边：若名字记在神的生命册上的人得永生；反之则被抛弃到火湖里，也叫第二次的死。

这就是与数字"八"紧密相连的这一"丿"（撇），所带给我们的重要启示。

(364) "乛"折

"乛"（折）是汉字中的第九个单画部首。它对应于 9 个自然数中的数字 9。

在圣经的数字系统中，数字 9 代表大结局，因为它列在九个数字的最后。也就是说，那是人类进入最后的复活时刻，接下来所展现在每个人面前的就是大结局。这就像连续剧不管有多少集，总有进入大结局的时刻。

因为这个大结局是在千禧年结束的时候到来的，所以我们看到从左到右的那一横，走到了末尾的位置，"折"然而下——一切到此为止，都结束了。那些无法和"一"相合的人，就像从折断的树枝上往下掉一样，跌进了火湖——第二次的死之中。

(365) 萛

最后我们来看一个字——萛，它是本书中曾经多次提到的，发音是 tan。它既不是个部首，实际也不是字，但却在汉字中出现了相当多的次数。

如果我们观察一下这个在汉典中竟然找不到的字，可以直观发现它由三部分组成：上面的头是个"廿"；中间是个"中"字；下面是个"天"字。当然，再细致观察下去，就会看到一个

"人"字，将"中"与其下的"天"连在一起。

在基督教的文献里，曾提到耶稣的头号门徒彼得，在被钉十字架的时候，曾提出要求，将他倒钉十字架，即头在下、脚在上地倒钉。因为他在耶稣钉十字架之时，曾不认耶稣，所以自觉不配像耶稣那样头在上、脚在下的钉法。

如果我们借用一下彼得倒钉十字架的图画，把这一个冀字上下翻转过来的话，它也可以成为倒钉十字架的"翻版"。换句话说，在翻转后的这个字中，有一个在形状上好似汉字"三点水"的偏旁"氵"最下面的那一画，一般在实际书写时都是"先下后上"地那么"一挑"，俨然像一个倒置的"人"。按照汉字笔画排序的规范，可把这个在《汉典》中也同样找不到的"一挑"定为 1 画，与部首"一"为同一个号码。

从圣经的数字和数根的关系来看，这"一挑"的部首和"一"的笔画号码都是 1，但它们的形状却不一样。这就像数根相同、数字却不一样的情形。同理，倒钉十字架的彼得可以成为神的儿子，但耶稣是神，彼得是人，在本质上是两个不一样的人。

这说明，在汉典的里面，还有着许多的空间有待人们去发掘。愿中国文化能为人类的文明，做出更多、更大的贡献。

附录：本书 365 个汉字的索引

一画

二画

三画

四画

五画

六画

七画

八画

九画

十画

十一画

十二画

十三画

193、準
199、滅
225、腥
230、煎
234、蒸
283、数
291、錫
303、弒
313、穌
320、號
321、雷
322、碗
340、肆

十四画

14、網
24、漢
46、誓
53、齊
81、賽
99、實
128、慢
153、膀
224、鮮
231、熬
271、熊
300、適

十五画

9、廠
10、敵
12、窮
17、選

131、療
149、膽

十八画

4、邊
15、豐
130、醫
134、癒
138、藥
264、獵

十九画

5、難
165、聽
263、獸

二十一画

6、歡

二十二画

162、驚

二十四画

306、鷹
318、靈

二十六画

317、𬂩

后记

本书为罗德丢所撰写的关于汉字之解的第一本书。

除此之外，本出版社还在早些时候出版了本作者一套关于圣经解析的系列"未来信息丛书"。到 2019 年为止，此套丛书已经扩充为十一本。本系列丛书以圣经原文和数字为客观依据，对人类快要进入的一个全新的时代"千禧年"做了不同层次和角度的全面阐述。

欲系统深入了解圣经所启示的真理奥秘，请点击访问我们的网上书店链接 TheoLogos.net/books 订购"未来信息丛书"。

神道出版社
TheoLogos.Net

www.ingramcontent.com/pod-product-compliance
Lightning Source LLC
Chambersburg PA
CBHW051748040426
42446CB00007B/269